产业集聚、开发区与城市产业空间

杨振山 著

中国建筑工业出版社

图书在版编目（CIP）数据

产业集聚、开发区与城市产业空间/杨振山著.—北京：中国建筑工业出版社，2019.12

ISBN 978-7-112-23099-0

Ⅰ.①产… Ⅱ.①杨… Ⅲ.①产业集群—研究—中国 Ⅳ.①F269.23

中国版本图书馆CIP数据核字（2019）第282109号

责任编辑：杜　洁　李玲洁
责任校对：李美娜

产业集聚、开发区与城市产业空间
杨振山　著

*

中国建筑工业出版社出版、发行（北京海淀三里河路9号）
各地新华书店、建筑书店经销
北京点击世代文化传媒有限公司制版
北京建筑工业印刷厂印刷

*

开本：787×1092毫米　1/16　印张：9½　字数：145千字
2019年12月第一版　2019年12月第一次印刷
定价：40.00元
ISBN 978-7-112-23099-0
（34968）

版权所有　翻印必究
如有印装质量问题，可寄本社退换
（邮政编码 100037）

前　言

20世纪90年代开启的以电子信息技术为引领的第五次科技革命，见证了全球产业转移，使工业发展获得了动力源泉和更广阔的空间。我国通过改革开放把握住了这一重大机遇，通过划定特殊经济区（Special Economic Zones）先行先试，在学习和创新过程中不断积累并提高自身能力建设，促进地方经济发展。

特殊经济区源于西方国家，却在中国大地发扬光大。一般认为，20世纪60年代建立起来的爱尔兰的香农自由贸易区（Shannon Free Trade Zone）是最早的特殊经济区，当时的特殊经济区建设主要是通过提供特殊优惠政策鼓励进出口、获取外汇和增加就业。时至今日，在"一带一路"沿线很多国家，如巴基斯坦、哈萨克斯坦等在启动特殊经济区战略时，首要考虑的依然是鼓励出口和增加就业。在中国，特殊经济区类型更加多样，在社会经济发展过程中起到重要作用的至少有13种之多，其建设目的已远超进出口和外汇，尤其是经济技术开发区和高新技术开发区，更是将特殊经济区实践推向中国的各主要城市，其广度和深度远超特殊经济区建设理论。中国开发区建设和城镇化一起，成为半个多世纪以来中国区域经济发展中对社会经济活动最重要的贡献之一。

在全球化和电子信息技术交汇的历史时期，开发区建设很大程度上来自于市场经济体系下形成产业集群概念。这一概念从知识创新、竞争力、产业链等角度为开发区建设提供了思考的起点，但远不足以解决产业空间组织、政策选择、产业结构演进等一系列城市和区域经济发展中的重要问题。

本书旨在从城市层面研究产业集聚和开发区建设的"应归结于学术"的一些问题，在理论溯源和实证分析中揭开产业集群与开发区区别与联系，深入剖析全球产业集群理论和中国开发区实践中的相互促进，丰富和发展产业集聚生命周期理论，回答产业集聚单体和城市经济整体之间的难题。借以这些"学术性"的回答为产业体系建设、营商环境打造、开发区运营管理和城市空间组织等实践提供些依据和借鉴。本书共分为九章，内容安排如下：

第1章：引言：全球产业集聚与中国经济增长奇迹。从要素的自由流动和政策干预两个角度论述了推动产业集聚的因素，并在全球宏观发展背景下简要阐述开发区对于中国经济增长的推动作用。

第2章：开发区：中国增长模式的缩影。梳理了我国开发区的基本特征、发展历程、空间分布格局和运营管理政策，并从经济发展、改革开放和产业集聚等方面讨论了开发区的正面效应，从土地资源和产业结构等方面讨论了开发区在建设中所面临的问题。

第3章：城市中的开发区：理论源泉与现实基础。从理论演进历程和现实建设历程两个方面探讨了城市开发区建设的理论基础，比较了产业集聚、产业集群和开发区的异同。

第4章：产业集聚导向下的城市产业空间重构。分析了产业集聚在城市产业空间中的表现形式，探讨了产业集群在城市产业空间重构中的作用。

第5章：产业集聚与城市产业空间的实证研究：以北京为例。运用探索性因子分析方法和空间分析方法对产业集聚与城市产业空间之间的关系开展了实证研究，揭示了城市产业集群图谱、产业集群演进生命周期，以及产业集聚在城市产业空间中的表现形式。

第6章：从产业集聚到开发区：实践中探索。主要提出了产业集聚和开发区在顺应市场规律和政策管控时的错位以及产业集聚对开发区发展的影响因素，并讨论了国内外促进产业集聚的主要模式：市场主导型产业集聚模式、政府扶植型产业集聚模式和计划型产业集聚模式。

第7章：产业集聚、开发区建设中的城市发展。以北京为例，运用数据包络等分析方法对开发区的运行效率进行了实证研究，并将产业集聚、开发区与城市发展结合起来，讨论了产业集聚、开发区对城市的影响，以及描述了我国产业空间中的路径依赖和路径突破现象。

第8章：产业集聚、开发区与城市、区域发展战略：兼论几个议题。主要讨论了产业集聚的几个现实应用，即将产业集聚应用到特色小镇、城市群和经济走廊等建设之中。

第9章：结论。主要总结了在产业集聚和开发区的影响下，城市空间和城市活力未来的演化趋势，以及产业集聚对城市三生空间的优化作用，并为城市规划者提供了开发区建设的经验。

当前，面向"两个一百年"奋斗目标，开发区建设已经进入到再定位、再升级的时期。本书根据多年来在城市可持续发展、产业集聚和开发区建设方面的经验积累，适时总结开发区和城市建设之间的互动关系，对积极稳妥地推进高质量建设具有一定的重要意义，也为迎接新时代提供一些基础素材。本书写作的灵感源自于师长的指导，与国内外同行探讨，以及与世界银行、亚洲开发银行专家的交流，也来源于国内外开发区的参观或实务工作；在此一并表示感谢。希望本书能为城市地理、区域经济、城市规划等相关领域的研究人员，以及城市规划者、建设者和管理人员提供有益的参考。如有错漏之处，还望各位读者不吝指正。

目 录

第1章 引言：全球产业集聚与中国经济增长奇迹 ································· 1
    1.1 要素的自由流动推进了产业集聚 ································· 3
    1.2 政策的人为干预加速了产业集聚 ································· 3
    1.3 开发区建设成为中国经济增长的助推器 ························· 4

第2章 开发区：中国增长模式的缩影 ································· 7
    2.1 开发区基本特征 ································· 9
    2.2 开发区发展历程 ································· 10
    2.3 国家级经济技术开发区空间分布格局演变 ································· 12
    2.4 开发区主要运营管理政策分析 ································· 15
    2.5 开发区对我国社会发展的贡献与作用 ································· 18
    2.6 问题与建议 ································· 22

第3章 城市中的开发区：理论源泉与现实基础 ································· 27
    3.1 产业集群、产业集聚：开发区建设的理论源泉 ················· 29
    3.2 开发区建设的现实基础 ································· 32
    3.3 开发区与产业集聚比较 ································· 36

第4章 产业集聚导向下的城市产业空间重构 ································· 39
    4.1 产业集聚与城市产业空间 ································· 41
    4.2 产业集聚的空间表现形式 ································· 42
    4.3 产业集群推动下的城市产业空间演进 ························· 43

第5章 产业集聚与城市产业空间的实证研究：以北京为例 ... 45
5.1 研究区介绍 ... 47
5.2 研究数据 ... 47
5.3 研究方法 ... 49
5.4 北京市产业集群 ... 53
5.5 产业集群演变和产业结构演进 ... 54
5.6 产业集群的空间组织形式 ... 60
5.7 以产业集聚为引导的产业空间重构 ... 66

第6章 从产业集聚到开发区：实践中探索 ... 71
6.1 产业集聚与开发区：错位或有序 ... 73
6.2 国内外促进产业集聚的主要模式 ... 74
6.3 产业集聚对开发区发展的影响因素 ... 79

第7章 产业集聚、开发区建设中的城市发展 ... 83
7.1 产业集聚对城市经济的影响机制 ... 85
7.2 开发区运行效率评价 ... 91
7.3 产业集聚和开发区对城市的影响 ... 96
7.4 我国开发区建设中面临的问题 ... 103
7.5 我国产业空间中面临的锁定效应与路径突破 ... 111

第8章 产业集聚、开发区与城市、区域发展战略：兼论几个议题 ... 115
8.1 产业区与特色小镇 ... 117
8.2 产业集群与城市群协调发展：互动与耦合 ... 117
8.3 开发区间的区域经济合作：经济走廊建设 ... 120

第9章 结 论 ... 127
9.1 以产业集聚、开发区建设推动城市产业空间建设的经验 ... 129
9.2 产业集聚导向下的城市空间重构与优化新趋势 ... 131
9.3 以产业集聚推动城市"三生空间"的健康发展 ... 132

9.4 产业集聚与城市活力的多维互动 …………………………………… 133

参考文献 ………………………………………………………………… 135

第1章

引言：全球产业集聚与中国经济增长奇迹

20世纪中后期，全球迎来了以信息技术为标志的第五次科技革命，同时，经济也进入新一轮快速增长期。产业集聚成为其中最为凸显的产业空间现象，一群具有相互联系、能够进行合理分工的企业集中在特定空间上，一边共享基础设施带来的便利，一边快速推进科技创新和产业创新，形成推动全球经济版图变化的合力。自20世纪80年代后，中国参与到全球经济发展队列中，巧妙地运用了产业集聚这一符合经济发展客观规律的产业空间组织形式，以政府参与(开发区)的形式快速地推进中国经济增长。

1.1 要素的自由流动推进了产业集聚

产业集聚是市场发展的客观规律。科技，特别是交通技术的进步极大地推动了要素在空间的自由流动。对经济增长来说，重要的是经济边界的"厚度"，即对货物、资本、人员和创新流动的限制，目前，西欧国家之间的经济边界只有西非国家边界"厚度"的四分之一。全球经济越发达的地区，经济要素流动越活跃，世界最大的经济体美国也是流动性最大的国家之一，每年约有3500万流动人口。而我国在20世纪90年代后约有1.5亿流动人口在东南沿海地区。大规模的人口流动深刻地揭示了当前社会经济要素的自由流动，要素的无障碍流动成为经济发展的必要条件。

然而，增长不会同时眷顾每个地区，市场青睐某些地区胜过其他地区。经济要素在自由流动的过程中会"自然"地聚集在某处，形成产业在特定空间的地理集中。地理集中成为产业集聚的载体，产业在集聚的过程中不断推动要素的向心流动，优化要素配置，调整要素配置结构，提高产出效能，从而形成一定区域内的经济增长核心，带动区域的经济发展（世界银行，2009）。

1.2 政策的人为干预加速了产业集聚

探索要素在自由空间上的向心流动，即产业集聚的动力是当代区域经济、经济地理等学科的重要内容。已有研究揭示出影响产业集聚的重要因素，既包括区位、交通、科技等符合市场一般性规律的要素，也受制于国家和地区的产业政策。反过来讲，政府可以利用或是抵制产业集聚，从而达到不同的产业空间组织效果。

2008年发布的《2009年世界发展报告：重塑世界经济地理》指出，促进长期经济增长最有效的政策是那些有利于地理集中和经济一体化的政策，在国内和国际层面皆是如此。抵制这种集中化就等于抵制繁荣，政府应当促进生产的地理集中化。

世界银行首席经济学家、副行长林毅夫说："通过释放集聚化、迁移和专业化的市场力量，可以缩小落后地区与先进地区之间的经济差距，正如我们在北美、西欧和东亚所见，这些地区的产业内贸易推动了繁荣。市场和政府协作驾驭这些力量的效果好坏，将决定城市、省份和国家的财富。"

世界银行主管可持续发展的副行长凯瑟琳·西耶拉说："当今世界，经济集中化是一个不可否认的事实。政府应当改善土地政策，广泛提供基本服务，进行高效率的基础设施投资。"产业集聚成为政府在承认市场运行客观规律的前提下，推动经济发展的最有效的工具之一（世界银行，2009）。

1.3 开发区建设成为中国经济增长的助推器

事实上，政府参与产业集聚或产业地理集中的空间组织方式起源于开发区的组织构架。在1978年改革开放之后，中国在原有的计划经济基础上逐步建立起外向型的工业体系。邓小平南巡加快了我国对外开放的步伐，而2001年加入世界贸易组织（World Trade Orgamiation，WTO），更是为中国对外贸易发展提供了千载难逢的机遇。经过近30年的高速发展，中国已经成为世界第一制造业大国和出口大国。正是利用开发区建设，中国有效地参与了全球市场竞争，在全球经济分工中快速找准自己的位置，实现了经济腾飞。

扩大出口是发展中国家实现经济腾飞的必由之路，中国开发区在这一过程中扮演了重要角色。在中国的出口中,加工贸易占据了相当大的比重。加工贸易是指从国外输入原材料或半成品,在本国加工制造,再出口到国外。中国正是通过这种方式参与到全球生产体系当中。在进出口加工区、经济技术开发区等开发区的助推下,加工贸易快速发展,制造业集中,东南沿海逐渐成为我国制造业和加工贸易分布的主要区域。2000年以后,加工出口额在中国每年总出口额中所占的比重都在80%左右,其中东南沿海加工出口占全国加工出口的40%以上,形成了很强的集聚效应。产业集聚相当程度上受到了垂直专业化的影响,垂直专业化将物料传递到国内进行生产加工,某些工序会再委托给本国的其他企业或者需要其他本国企业为它配套,在这个过程中将会发生频繁的物料转移,这时克服运输成本的最好办法就是缩短运输距离,使生产向某一区域集中。

如果说进出口加工区揭开了中国参与全球经济的序幕,那么经济技术开发区和高新技术开发区则开启了城市经济空间转型的篇章。虽然中国是以加工贸易作为主要方式嵌入全球价值链的,在嵌入的初期可能会受到价值链主导厂商的压制,但是中国幅员辽阔、人口众多、市场需求旺盛,经济自我循环的能力较强,加上工业门类齐全,配套能力较强,因而有条件化解价值链的控制。20世纪后期,生产一体化在全球范围内不断推进,生产过程按照工序被分散到世界各地,将处于不同地理位置、具有不同比较优势的国家通过一个个生产供应和价值创造的链条连接起来,催生了全球价值链这种新的分工形式。经济技术开发区和高新技术开发区不仅为城市参与全球价值链分工提供了平台,而且为我国城市经济化解价值链控制、强化自我循环能力提供了途径。因此,开发区从建设初期开始就和城市产业空间紧密地交织在一起。从一定程度上来说,开发区的成长之路就是我国城市产业空间的转型之路,开发区建设的成功开启了中国经济腾飞和城市快速发展的奇迹之门。

第2章
开发区:中国增长模式的缩影

2.1 开发区基本特征

国家级经济技术开发区是中国城市开发区的典型代表之一，30多年来伴随中国改革开放的步伐取得了重大成就，对我国社会经济和城市建设产生了重要影响。国家级经济技术开发区由商务部审批，旨在设立一个技术和经济相关联、相互促进的一个特定区域，依据现代科技发展和现代企业运营的客观规律，积极吸引外资、引进人才技术、发展本国出口工业，促进经济快速增长。国家级经济技术开发区是各地开发区中等级最高、代表性最强、最具重要意义的经济技术开发区，是我国经济体制改革的实验区、新产业的集中区，也是各地经济发展最具活力的地区。

相比而言，国外经济技术开发区的概念较为宽泛，通常称之为经济自由区，它主要包括经济特区、自由港、自由贸易区、出口加工区、科学园区等，其设置形式主要是在交通发达地区和港口划出特定的区域，经过政府规划论证和严格审批，实施特殊体制或特殊政策，以发展贸易、增加财政收入、创造就业机会、引进技术管理经验，从而实现经济发展和繁荣。

建立出口加工区是发展中国家加速发展的有效制度。在中国，经济的迅速发展有赖于各类型的经济特区的建立。由于政治动荡后对经济发展的要求以及原有的薄弱的经济基础，中国不得不通过开放吸引外资，借助新的管理制度，在不影响政治结构的前提下，促进经济的发展。国际上认为，开发区主要具有以下五个基本特征：

（1）具有良好的基础设施和投资环境，交通便利；

（2）以经济发展为首要目标，发展劳动密集型、资本密集型或资源密集型的制造业；

（3）以加工、出口为主要经济活动，外向度高；

（4）由政府主导，受政府政策的支持和影响，行政地位较高；

（5）区域内高度自治，实行特殊的管理体制和优惠政策。

2.2 开发区发展历程

伴随着我国经济改革开放和城市建设步伐，我国经济技术开发区发展大致经历了三个阶段。

阶段一：经济改革的前哨（1978～1992年）

国家级经济技术开发区是国家对外开放政策的产物，体现着浓重的国家计划性特征。在这一阶段，我国积极探索经济发展方向、进行改革开放，作为一个新的体制平台，第一批经济特区在东南沿海地区建立起来。

在1978年十一届三中全会确立建立社会主义市场经济体制、实施改革开放的经济发展政策后，在中央政府的主导与支持以及东部率先发展的战略下，1980年在深圳、珠海、汕头、厦门设立了第一批经济特区作为新的制度平台；1984年，邓小平在对经济特区视察时肯定了建立经济特区的政策和成就，经过中华人民共和国国务院批准，首先在沿海地区设立了14个国家级开发区，它们以吸收利用外资、拓展外贸出口及发展现代工业为发展目标。自此，中国的经济技术开发区进入了一个崭新的发展阶段。

作为一个新的体制平台，经济特区建设的方法与策略对地方而言具有极大的发挥可能，如何在建设和管理中实现最优建设策略是经济技术开发区建设初级阶段人们最为关注的问题。20世纪90年代形成经济特区"园区化"的建设模型。1985年，在一部分经济条件较为发达的东部城市，地方级别的开发区也在探索与尝试中建立起来，经济特区开始在地区层面进行创造。在扬子江三角洲地区、闽南三角地区、辽东半岛和胶东半岛分别设立沿海经济开放区，扩大了开放领域，促进港口城市及其腹地之间的合作。

经济特区的建立为我国在社会主义体制内逐步建立市场经济搭建了平台，是践行改革开放的重要舞台，在有限的资源中积极创造、开拓了投资环境，对于吸引国外资本、促进我国经济发展起到了重要作用。但在此阶段综合来看，由于经济体制改革尚处于初级阶段，国外资本对国内市场持观望态度，投资较为谨慎。国内对于开发区建设经验不足，发展较为缓慢。

在经济技术开发区的创建探索阶段，全国开始建立经济技术开发区，数量与面积增长较快，但由于尚处于建设起步时期，GDP增长较为缓慢，因此，本阶段的经济技术开发区建设大量借鉴国外发展经验，以区位选择、管理方式、优惠政策等为研究重点，在不断的实践中逐步探索如何建立、发展经济技术开发区。

阶段二：经济增长极（1993～2003年）

在此阶段，经济技术开发区的建设取得了初步的成效，作为新的经济增长极，各个园区的建成为政府提供了有效可行的制度与发展策略，经济技术开发区内的投资企业也有效地激励了当地经济发展。全国范围内，国家级经济技术开发区的建设进入了高速增长阶段，区位的选择开始由东南沿海向内陆地区转移。

1984～1991年，第一批建立的经济技术开发区创造了1890亿元人民币的工业产值，利用外资38亿美元，出口货物6亿美元，三项分别增长12倍、4倍、6倍。作为新的经济增长点，第一批园区的成功验证了政府的建设策略，使得政府更有信心通过建设经济技术开发区发展地方经济。在1993～2003年这一阶段中，国务院共批准建立了35个国家级经济技术开发区，以及国家级自由贸易区、国家级出口加工区共75个。这些经济特区的建立，使其所在城市成为吸引外资、获取劳动力的主要区域。政府通过政策支持，给予各项优惠制度，鼓励创新和出口，极大地促进了经济技术开发区的建设，使其进入了高速发展阶段。与此同时，除建立国家级的经济特区外，省、市、县、乡也纷纷建立经济特区的园区。作为经济增长点，经济特区基于较低的经济水平，在不改变政治格局的前提下推动了中国各区域的发展，受到国家的高度重视和认可。

阶段三：产城互动发展（2004年至今）

在这一阶段，国家级经济技术开发区的建设经历了高速发展时期，开始深度建设、稳步发展。经多年的建设发展，国家级经济技术开发区的区位分布形成了东多西少、东密西疏、沿长江和沿海呈密集分布的格局。另外，经济技术开发区吸引了大量的资本、人口、商业以及交通等，成为城市空间中重要的功能区，此时，如何协调经济技术开发区与母城在经济、社会、文化、物质上的关系成为城市建设和可持续发展的重要问题。

经过多年的发展，经济技术开发区在建设中的种种问题开始显现，如土地扩张和土地资源的滥用，园区内企业的孤立发展，缺乏与当地企业的联系和互动;园区建设和发展资源能耗过大,带来巨大的环境压力;部分园区周边交通拥堵情况严重,给城市交通带来巨大压力;园区建设重工业、轻生活等。这些问题构成了经济技术开发区建设,甚至是城市可持续发展的重要问题,引起了社会和政府的广泛关注。

在此阶段,国家实施了东部沿海城市改革开放、西部大开发、振兴东北老工业基地和中部崛起等宏观经济发展战略,经济技术开发区建设的重心也与这些战略部署相吻合,在建设新的经济技术开发区的区位选择上,由东部沿海向内地转移,直至西部。在20世纪90年代末提出西部大开发战略后,西部地区建设开发区的热情高涨,东部地区经济技术开发区建设已有初步成效,为西部经济技术开发区的建设发展提供了经验,虽然内地经济技术开发区建设起步较晚,但数量、规模较大,并充分参考借鉴了东部建设成果,发展平稳。在这一阶段,国家引导宏观战略的转移,经济技术开发区建设的重心由东部沿海城市转移至内地西部。2000年前后,国家加大了对中部地区经济技术开发区的建设力度,批准合肥等十几个省级经济技术开发区升级为国家级经济技术开发区,2010年再次扩批,国家级经济技术开发区数量高达90个。2015年,经济技术开发区的数量已增至219个。产业活动"园区化"发展已成为各地组织经济活动的常态,随着经济技术开发区建设引起的资本、人才的集中,以及交通和土地利用的变化,产城互动发展成为地方建设的重要内容和新挑战。

2.3 国家级经济技术开发区空间分布格局演变[1]

中国国家级经济技术开发区的设立具有批次性,主要分为6个时间段(表2-1),期间体现了浓重的国家政策导向,其宏观分布状况也和区域政策具有密切的联系。从区域布局来看,1999年前国家级经济技术开发区建设的重点地区为东部,经济技术开发区的数量、面积增长快,但由于尚处于起步创新阶段,GDP总体水平不高。2000~2009年,国家级经济技术开发区的建设中心转向中部、西部地区,第一阶段的建设取得初步成效,

---

[1] 丁悦,杨振山,蔡建明等.国家级经济技术开发区经济规模时空演化及机制.地域研究与开发,2016:51-56+107.

扩大了建设范围，国家级经济技术开发区在数量上有大幅上升，GDP增长速度快，经济技术开发区经济建设进入了高速发展阶段。中西部经济技术开发区数量占总体比重上升，但重心仍在东部地区。2012年后，经济技术开发区的数量增长较缓慢，开发与建设逐渐趋于理性。截至2015年，中国已经建成219个国家级经济技术开发区，其中，东部共有107个，占48.86%，中部63个，占28.87%，西部49个，占22.37%，区域分布渐趋平衡。总体上呈现东多西少、东密西疏、沿长江和沿海呈密集分布的格局。

1987～2015年国家级经济技术开发区数量变化表　　　　　　　　　　　表2-1

区位	全国	东部		中部		西部	
年份	数量（个）	数量（个）	占全国比（%）	数量（个）	占全国比（%）	数量（个）	占全国比（%）
1984～1991	14	14	100	0	0	0	0
1992～1999	33	27	81.82	4	12.12	2	6.06
2000～2009	56	34	60.71	9	16.07	13	23.21
2010	116	60	51.72	32	27.59	24	20.69
2010～2012	171	84	49.12	49	28.65	38	22.22
2013	210	103	49.05	60	28.57	47	22.38
2014～2015	219	107	48.86	63	28.77	49	22.37

影响国家级经济技术开发区经济规模分异空间格局及演化的主要因素为区位、开发区所处发展阶段、城市经济水平和产业结构特征、区域政策和全国性产业转移。总体来看，经济技术开发区空间分布格局演变具有以下三个特点（图2-1）：

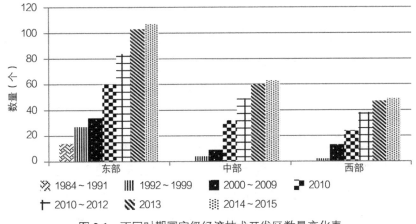

图2-1　不同时期国家级经济技术开发区数量变化表

（1）宏观格局方面，国家级经济技术开发区空间分布上东多西少、东密西疏、沿长江沿海地区密集排列。

（2）全国范围看，国家级经济技术开发区经济规模在城市间和三大区域间的差异持续减小，但区域内部差异增减变化的情况不一。

（3）未来中西部地区的国家级经济技术开发区将迅速发展，引起经济规模空间分异格局的相应变化。

城市层面上，国家级经济技术开发区多分布于经济发达的主要城市以及区域内社会经济发展水平较高的中心城市、省会城市，中西部地区经济技术开发区的选址基本位于省会城市。其分布表现出明显的特大城市和大城市偏好，具有明显的首位城市指向性。城市自身的经济活力和对生产要素的吸引集聚能力有效影响着城市层面国家级经济技术开发区的宏观分布。

全国层面上，国家级经济技术开发区的相对经济规模和绝对经济规模分异格局始终没有突破东西方向的地带分异规律。东部沿海地区多港口，水路陆路交通便利，建立了首批经济特区，对外开放程度高、劳动力资源充沛、城市基础设施完善、城市经济水平高、投资环境优越、市场广阔、科技发达。东部地区具有先天区位优势，这一系列条件构成了建设和发展国家级经济技术开发区的有利条件。经过多年发展，长三角、珠三角和环渤海地区的国家级经济技术开发区已经是现代制造业、高新技术产业和高附加值现代服务业的高台，城市及国家级开发区跨越城市间的分工合作，让这种根深蒂固的区位优势表现为更为强劲的产业优势，使得中部和西部地区的国家级经济技术开发区望尘莫及。所以在初期建设阶段，经济技术开发区分布始终集中于东部，而深居内陆城市的国家级经济技术开发区，虽应国家宏观经济政策而生，由国家政策支持，但局限于区位因素，缺乏和东部地区国家级经济技术开发区抗衡的原动力。不过，从趋势上看，国家级经济技术开发区的经济规模的数量差异度和空间分异都逐年减小，空间集聚性降低，趋于随机分布。

从发展阶段上来看，东中西部地区经济技术开发区建设进入不同发展阶段。东部地区建成较早，经历了快速发展阶段，普遍进入转型发展时期，政策向中西部地区转移，东部地区政策优势弱化，经济增长放缓，经济规模的区内差异逐步减小；中西部地区建设时间较晚，现正处于快速发展时期,开发区间的经济规模差异扩大、空间极化现象较为明显。但分异度(按空间变异系数测算)逐年减小,全国国家级经济技术开发区的绝对经济规模体系由"倒梨型"发展为"纺锤型"(图2-2),但规模等级空间分布格局较为稳定;相对经济规模等级体系呈现为中部不断变粗的"纺锤型",绝对经济规模的全局空间自相关性逐渐减弱,极高和极低区在空间上发生东西倒置。经济规模空间格局由集聚分布向随机分布过度。

图 2-2 全国国家级经济技术开发区的绝对经济规模指数

2.4 开发区主要运营管理政策分析

1. 管理体制创新

在国家级经济技术开发区建设之初,原有的体制不能适应吸引外资的需要。在硬件上,要建设、完善适合国际投资者要求的基础设施;在软件上,要建设结合我国国情与国际惯例的投资软环境。国家级开发区在充分吸收国际上各种经济特区的经验与我国经济特区建设成功经验的同时,创造性地形成了一整套具有中国特色的开发区管理模式与体制。

国家级经济技术开发区主要管理模式有以下几种。

一是管理委员会模式,由作为市政府派出机关的管委会管理与运营开发区,其下属的开发总公司负责土地开发,大部经济技术开发区采取这一模式。

二是企业管理型,以上海的三个国家级开发区为代表,不设专门行政管理机构,由开发区总公司运营管理开发区,总公司被赋予一定的行政职能。

三是行政区政府管理型,将国家级经济技术开发区按一个行政区设置相应的管理机构，个别经济技术开发区采取这种模式。

四是管委会＋乡镇管理型，随着开发区范围扩展，管委会下保留区内的乡镇政府，这一类型是管委会模式的扩展。绝大多数国家级经济技术开发区采取了开发区特有的"准政府"的管理模式——管理委员会制。管委会模式的主要内容包括：

（1）由地方人民代表大会立法或政府特别授权，组建国家级经济技术开发区管理委员会，代表市人民政府统一管理国家级开发区。在形式上，管委会是市政府的派出机关，主要行使政府的经济管理职能。

（2）在管委会内部，机构设置高度精简，相关职能的部门合署办公，并不与现存政府机构一一对应。在干部任免上，管委会实行任命制，而非选举制，管委会下级干部实行聘任制。

（3）国家级开发区设立一级财政，可以组织税收和编制、实施财政预算，可以有正项支出将公安、检察院、法院请入区内，相应地制定特殊的区域管理的规范性文件，实现依法治区，有效地对所辖区域实行管理。

以上几种模式的共性是形成了高度授权、特事特办、专心发展经济并且相对独立的管理体制，成为我国经济体制改革的实验区；为经济技术开发区的发展提供了政治保障，大大减少了管理机构设置，降低了管理机构运行成本，用"一站式、一条龙"方式化解和减少了政府审批环节，提高了管理效率。不同管理体制之间的差别及"个性化"方式多是出于适应当地行政管理体系和要求的需要，特别是行政体系结构而做出的调整。

2. 投资环境建设

国家级经济技术开发区内的企业，绝大部分是按市场化原则进行投资决策的，企业是否投资于国家级经济技术开发区，完全取决于开发区是否具备有竞争力的投资环境。国家级经济技术开发区之所以能够保持持续快速的发展，关键在于始终将优化投资环境作为工作的要务。从早期劳动密集型项目注重要素成本，到后期跨国公司资本与技术密集项目注重物流效率、产业配套条件和透明高效的投资软环境，国家级经济技术开发区牢固树立了亲商服务的观念,并始终按照投资者提出的新要求,坚持不懈地优化投资环境,从而确保在吸引外资的激烈竞争中,成为最具吸引力的投资地区。

3. 提供激励措施

激励是我国政府向投资企业提供的具有经济优势的措施,有助于提高投资收益率,降低企业成本或风险,鼓励其按照某种方式进行经营。例如,吸引新的国际直接投资(Foreign direct investment,FDI)到特定地区(区位激励),使当地的外资企业承担相应的培训、研发和出口功能(行为激励)。典型的激励措施包括:

(1)生产性外商投资企业,减按15%的税率缴纳企业所得税,其中经营期在10年以上的,可从获利的年度起免缴所得税两年,第三年至第五年减半按7.5%的税率缴纳企业所得税。

(2)外商投资企业上述免减税期满后,凡属先进技术企业的,可再延长3年减半缴纳所得税;属于产品出口企业的,若当年出口产品达到全年产品产值70%以上,按10%的税率缴纳企业所得税。

(3)生产性外商投资企业,减按1.5%的税率缴纳地方所得税,并从获利年度起,两年内免缴地方所得税,第一年至第五年减半按0.75%的税率缴纳地方所得税。

(4)外商投资企业发生年度亏损可以用下一年度的所得弥补,不足弥补的,可在5年内逐年提取所得继续弥补。

(5)外商投资企业缴纳所得税后,外国投资者从企业分得的利润,再投资于本企业或开发区其他企业,经营期在5年以上的,可以退还再投资部分已缴纳所得税税款的40%;再投资于开发区产品出口企业或先进技术企业的,可以全部退还再投资部分已缴纳的所得税税款。

(6)企业生产的产品出口时,除国家另有规定外,免缴关税和增值税。

(7)企业的产品允许内销。

(8)国有土地使用权出让地价,按投资规模和资金到位情况每亩可下浮1万~5万元,经省、市科委认定的高科技项目,地价可下浮3万~6万元。

(9)企业可按银行规定,用现汇或固定资产向银行抵押申请贷款;产品出口企业和先进技术企业所需资金,可优先贷给。

(10)企业依法享有用人自主权,可自行决定机构设置和人员编制,招聘和解聘职工,决定职工的工资标准、工资形式和奖惩、津贴制度;企业用工实行合同制。

(11)企业同时享受国家和省、市有关法律、法规的各项优惠待遇;华侨、港澳台胞投资的企业,除享受以上所有的优惠待遇外,还可以根据国家的有关规定,适当安排其农村的亲属在其所投资企业中就业,户口关系可迁入开发区。

(12)开发区的内联企业,也可以按照有关规定,比照外商投资企业享受一定的优惠政策。

研究表明,相对于区位的市场规模和成长、生产成本、技术水平、基础设施完善程度、宏观经济状况等因素,激励措施虽然不是一个最为重要的决定因素,但它却能使具有吸引力的地区变得更具吸引力。在世界各国竞相吸引外国直接投资情况下,国家级经济技术开发区提供的一系列激励措施,在促进区位更多地吸引跨国公司投资方面发挥了重要作用。

随着我国地方经济竞争力整体增强,为促进更加公平的营商环境,上述金融性、土地性激励措施逐渐被废止或修改,人才性激励措施得到强化。但从实施来看,由于所处阶段不同,不同地区采取的激励措施有所差别。借助土地、税收等优惠条件吸引资金,以及防止政策逐底效应的出现成为国家和地方制定和实施政策激励面临的矛盾。

2.5 开发区对我国社会发展的贡献与作用

国家级经济技术开发区已成为我国保增长、扩内需、调结构、促就业的重要支撑点,推动着中国经济社会的大变革。

1. 经济发展的重要引擎

经过30多年发展,国家级经济技术开发区已成为我国经济发展的重要力量。2015年，我国国内生产总值为68.91万亿元，国家级经济技术开发区地区生产总值为7.76万亿元，占国内生产总值的11.50%（表2-2）。从近五年发展趋势来看，国家级经济技术开发区对我国经济总量贡献从2010年的6.5%快速提高到2012年的10.4%，此后在2012～2015年间稳定在10%～12%。2010～2012年间的快速增长与这一期间我国国家级经济技术开发区数量快速增加（增加了65个）有直接关系。不过，虽然在2014～2015年间国家级经济技术开发区数量又增加9个，但是地区生产总值增幅并不大，对国家经济总量的贡献从2014年的12%反而降低到2015年的11.5%。从增量来看，2010～2015年间，名义国内生产总值一共增加了27.61万亿元，其中约18%来自国家级经济技术开发区的贡献，其中国家级经济技术开发区年增量的贡献在2013年达到顶峰，约为27.5%，之后却快速降低，特别是2015年仅为2.36%。对国家经济总量和经济增量的贡献，都表明了国家级经济技术开发区面临调结构、促增长的新挑战。

2009～2015年国家级经济技术开发区对我国经济发展的贡献　　　　表2-2

年份	国内生产总值（万亿元）	国内生产总值经济增长速度	经济技术开发区地区生产总值（万亿元）	经济技术开发区地区生产总值同期增长（%）	经济技术开发区占国内生产总值比（%）	国内生产总值年增量（万亿元）	国家级经济技术开发区年增量（万亿元）	增量占增量之比
2015	68.91	6.9%	7.76	1%	11.5%	4.51	0.11	2.36%
2014	64.40	7.3%	7.65	9%	12.0%	4.88	0.75	15.34%
2013	59.52	7.7%	6.91	15%	11.6%	5.48	1.51	27.47%
2012	54.04	7.7%	5.40	16%	10.4%	5.11	1.26	24.76%
2011	48.93	9.5%	4.14	23%	8.5%	7.63	1.45	19.02%
2010	41.30	10.6%	2.68	26%	6.5%	6.39	0.55	8.58%
2009	34.91	9.20%	2.14		6.12%	2.96		

2. "引进来，走出去"的主要载体

国家级经济技术开发区是我国"引进来"战略中的重要一环，是区域吸引国外资本，实现自身经济繁荣的重要手段。经济技术开发区的建立以增加经济产出为主要目的，实现了国内外劳动力优势、技术优势互补，为经济快速发展创造了条件。

国家级经济技术开发区作为对外开放的先行区,率先参与国际产业分工体系,是我国最具竞争力的国际产业转移承接地。2006～2010年,国家级经济技术开发区吸引外资占全国外资总额的20%～30%;2011～2015年,占全国外资总额的40%以上;2016年有所回落,占39%(图2-3)。2015年上半年,国家级经济技术开发区实际使用外资和外商投资企业再投资金额为2433亿元;实现进出口总额39634亿元,占全国比重为22.2%。2005年,500强跨国公司中在华投资的共有109家(不包括中国500强跨国公司和金融类公司),投资企业总数达303个。2006年,500强跨国公司中在华投资的增加到130家,投资企业总数为230个。

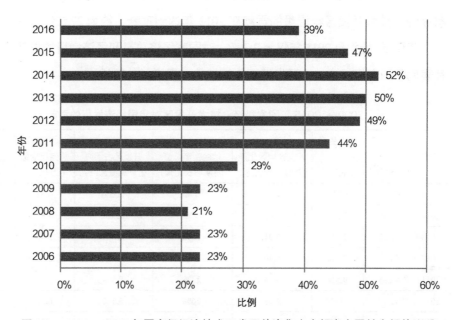

图2-3　2006～2016年国家级经济技术开发区外资集中金额占全国总金额的比重

2015年,世界500强跨国公司中,约有470家已在华投资,国家级经济技术开发区成为世界500强跨国公司投资的集中地区。其中,仅苏州、天津、广州及上海的开发区就有近百家世界500强的跨国公司投资设厂。通过建立国家级经济技术开发区,我国引进了西方经济体在中国学习的生产、技术和管理系统,吸引了外国技术与管理模式,对我国的经济体制建立起到了重要的引导与借鉴作用。

3. 产业集聚的重要平台

集聚或集群化发展是现代经济组织的重要方式，不仅有助于形成经济发展中的规模效应和范围经济，而且有助于知识创新、促进技术的快速商业转化。经济技术开发区在选址上主要集中在交通发达地区和港口，沿河或沿海分布，不同国家级经济技术开发区结合本区域特点，不断优化外资结构，大力引进龙头企业，同时促进产业链迅速延伸，产业集聚效应十分突出。例如，广州开发区形成了以宝洁为龙头的化工产业集群；天津开发区、北京开发区分别形成了电子信息产业集群；长春开发区、武汉开发区和重庆开发区分别形成了汽车产业集群；青岛开发区形成了家电、电子产业集群；沈阳开发区形成了装备产业集群；福州开发区、融侨开发区分别形成了显示器产业集群。一方面，产业集群将国家级开发区产业与区域经济和产业升级紧密联系起来；另一方面，对新的同业企业产生强大的吸引力，使之将研发与生产制造活动迁移过来，从而以国家级经济技术开发区为核心，形成一些具有国际竞争力的产业集群。

依托已有的产业基础和资源禀赋，通过承接国内外产业转移，国家级经济技术开发区通过产业集聚效应逐渐引导地方经济形成了以电子信息、汽车、装备制造、化工、食品等为主导的产业体系，同时探索新能源、新材料、生物医药、节能环保等新兴产业的发展，有力地促进了我国工业化发展进程。

4. 体制改革的试验区域

国家级经济技术开发区始终走在体制机制创新的最前沿，开创了精简高效的管委会模式，被此后其他特殊经济区域普遍借鉴。坚持高起点统一规划、高标准滚动开发，有力推动了我国城镇化进程；积极与国际惯例接轨，营造重商、亲商、安商的投资环境，首创"一个窗口"对外、"一条龙"服务等多种投资服务模式，成为我国投资环境的优质品牌。

5. 供给侧结构性改革的示范基地

在新的发展阶段，经济技术开发区是我国当前和今后供给侧改革的重要区域。由于区域内资本、土地、人才等要素的集聚，经济技术开发区为落实和加快供给侧改革提供了条件。不断优化产业结构、大力推动科技创新是今后经济技术开发区建设的一个重要方向。2015 年 1~9 月，国家级经济技术开发区高新技术产品出口额达到 8619 亿元，占全国高新技术产品出口总额的 30.3%。经济技术开发区已成为创新资源的重要载体和高新技术研发及成果转化基地。

2.6 问题与建议

1. 开发区面临的问题

目前，国家级经济技术开发区都已完成了粗放式创业阶段，进入内涵式全面提高阶段。在新的发展阶段，国家级经济技术开发区也面临着一些亟待解决的问题和瓶颈，经济技术开发区外部经济环境、体制环境、政策环境等宏观氛围也发生了重大变化。

国际方面，外资政策调整、国际资本转移、全球经济持续低迷，需求疲软，国际贸易环境不佳。国内方面，政策优势有所弱化、管理体制问题逐渐暴露：

经济上，中国经济进入新常态，经济发展方式发生根本转变；传统产业产能过剩、去产能压力大；创新性与创新能力不足；服务业和服务基础设施发展较为缓慢，综合成本高、引资用资门槛提高；劳动力成本提高。

土地资源上，土地资源紧张，个别经济技术开发区存在节能环保意识不强、土地利用粗放等现象。2015 年，参与国家级开发区土地集约利用评价的 472 个国家级开发区中，综合容积率最高的为 3.03、最低仅为 0.08；建筑密度最高达到 63.71%、最低仅为 3.89%，这些开发区的土地集约利用水平仍有一定的提升空间；一些国家级开发区四至范围内无地可用、尚可供地空间不足,一定程度上制约了开发区的发展,土地瓶颈凸显。

产业结构上,部分经济技术开发区低水平重复建设、产业结构同质现象严重;产业转型升级的路径模糊、主导产业的带动作用不突出。目前,国家级经济技术开发区已经形成了诸多具有代表性的产业集群,如苏州工业园区的电子信息产业集群、天津开发区的通信产业集群、宁波开发区的石化产业集群,这些集群的发展,有效促进了所在开发区经济及商业环境的提升。但产业集聚效果初步显现的同时,产业同质化现象也变得突出。以山东济南为例,济南全市共有各类省级以上园区10个,2014年,各园区机械装备、电子信息、食品饮料产业同质化率分别达到60%、50%、40%。国家级经济技术开发区主导产业中结构趋同性较强的行业,主要集中在新能源行业、新材料行业和信息技术行业。

2. 开发区发展中的几点建议

针对以上挑战,今后经济技术开发区建设需要突出注意以下几个方面。

(1)明确经济技术开发区法律地位与权限

目前我国一些地方政府已经出台了《开发区条例》。可以考虑尽快出台国家层面的《开发区条例》,对各地经济技术开发区在地方政府的隶属关系和管理权限等方面作出明文规定,明确经济技术开发区代表省或市人民政府对经济技术开发区的经济事务和部分社会事务实行统一管理,并对经济技术开发区的功能定位、发展方向、管理体制、运行机制、设立撤销、规划和土地自主管理权限等予以明确,有利于提高行政管理效率及经济技术开发区的长远发展。

(2)避免"区政合一"后的经济技术开发区行政化

"区政合一"的行政体制班子要适应原行政区及经济技术开发区的特点和需要,二者兼顾,尤其不能削弱经济技术开发区的原有优势。国家在支持经济技术开发区探索与行政区融合发展的体制机制实践中,在明确"大部制、高效能、优服务"的同时,要始终明确和坚持对经济技术开发区的角色定位,避免将融合后的经济技术开发区等同于传统行政区。经济技术开发区对人员专业性要求很高,可以考虑允许经济技术开发区在省市机构编制管理部门核定的机构总数和编制总数内，自主设立、调整工作机构，自主制定人员分流方案，使经济技术开发区队伍的业务水平、能力、素养、作风得到保证。

（3）将科技与经济结合，创新驱动发展

目前我国已经迈过要素驱动发展阶段，开始进入创新驱动发展的新阶段，国家级开发区要将自身定位在创新驱动发展的先行区，将创新作为推动开发区发展的第一推动力。国家级高新区要以体制改革为抓手，推动区内经济持续高速发展，率先实现创新驱动发展。国家级经济技术开发区以往总是专注于发展实体产业，对于科技创新关注度不够。从这一点来说，经济技术开发区也要像国家高新区一样，重视科技与经济的结合。只有将科技与经济结合，国家级经济技术开发区发展实体经济才有后劲。

（4）坚持特色发展，实现融合发展

国家高新区的特色在于孵化创业创新，要坚持孵化创业创新不动摇，将孵化创业创新作为立区之本；国家经济技术开发区的特色在于先进制造业，要坚持发展先进制造业不动摇，将先进制造业作为主导产业。在坚持各自特色的同时，两类开发区也要实现融合发展，你中有我，我中有你，相互借鉴，共同提高。国家高新区在坚持孵化中小企业的同时，可以有针对性地开展高新技术产业的大项目招商引资，实现大企业和小微企业之间的良性互动。国家经济技术开发区在积极吸引先进制造业大项目落户的同时，也应该积极孵化和扶持中小型高科技企业，发现和培育新的增长点。

（5）推进结构性供给侧改革，坚持"三去一降一补"

市场中出现超库存和过剩产能的现象，与政府忽视市场规律、运用行政手段直接配置资源的方式有很大关系。开发区内部相关部门有较多的政府资金，用于直接奖励支持企业，企业发展潜力如何界定、某一产业市场容量究竟多大、部门之间重复支持如何消除、资金支持如何监管等一系列问题，导致直接扶持产业有较大缺陷。还有土地招挂拍为某个企业量身定制导致土地使用效率低下等问题。继续沿用原有方式，不仅传统产业产能过剩，新兴产业也会出现过剩。例如多晶硅，2009年，全国300多个地级市兴建太阳能光伏产业园，致使2011年该项产能已经超过世界总需求量；又如风电设备，2012年，按国家能源局核准项目预计，当年国内风电市场过剩50%以上。

（6）因地制宜，具体问题具体分析

我国经济技术开发区的建设重心随着政策变化，在不同阶段向不同地区倾向，因此，在政策影响下，东部与中西部地区经济技术开发区建设、发展程度不同，加之自然环境、相对位置的影响，不同区域面对的问题有所差异。

东部地区建设历史久，数量多；沿江沿海，开放程度高；高等院校集聚，对人才吸引能力强，经济发展速度快；该区域面临的问题以产能过剩和如何技术升级为主。西部地区发展时间短，身处内陆，对外开放程度较低，对人才吸引力较低，同时，环境问题较为突出，土地集约程度低，因此，西部地区国家级经济技术开发区的建设应围绕如何提高效率展开。同时，西部地区更应把握政策带来的机遇。以成都市为例，近年来，成都经济技术开发区按照中央"四个全面"战略布局和"五大发展理念"，积极抢抓"一带一路"、天府新区建设、"蓉欧+"等重大发展机遇，主动适应经济新常态，不断挖掘发展潜力，大力推进经济提质增效，有效保证了区域经济快速发展。

在经济新常态下，注重内涵式增长、提质、创新能力等核心竞争力的提升已经上升到第一优先发展日程。对于经济技术开发区而言，体制机制的优化、理顺、完善是第一要务。国务院办公厅于2014年印发的《关于促进国家级经济技术开发区转型升级创新发展的若干意见》，是针对经济技术开发区原有发展模式的不可持续困境及时开具的一剂良方。"三个成为""四个转变"明确了经济技术开发区未来发展的角色定位与指导思想。近年，经济技术开发区的表现证明了转型升级、创新发展的正确性、必要性和紧迫性。借着这一历史契机，我国应尽快对经济技术开发区当前体制机制创新所面临的问题加以切实有力地解决。

第3章
城市中的开发区：理论源泉与现实基础

3.1 产业集群、产业集聚：开发区建设的理论源泉[1]

1. 产业集群的理论源泉

有关产业集群的理论可以追溯到马歇尔的集聚经济。马歇尔在1890年的《经济学原理》论述经济要素聚集作用可以解释为经济、技术和劳动力的外部性。地理上相互临近可以促进专业化投入和服务的发展，利于劳动力共享和知识外溢，达到经济上的外部规模性，并最大限度地节省企业生产成本。此后，结合城市发展，人们把产业集聚归结为地方化经济和城市化经济。大致上，地方化经济可以认为是产业专业化发展的结果。它大体与马歇尔外部经济对应，强调经济发展水平越高，工业部门对所需设备的专门化水平要求就越高，形成了专门的生产和供应厂商。随着产业链条延长和加深，将会有越来越多的企业从事同一行业并在地理上集中，与产业集聚形成相互促进的效果。比如，产业持续增长时，会出现专业化的劳动力市场和先进的附属产业，或产生专门化的服务性行业，以及改进铁路交通和其他基础设施。而产业规模的扩大，会引发知识的增加和技术信息的有效传播。城市化经济是指产业集聚不仅会随着同一行业的专业化而提高，而且会随着城市规模的扩大，如市场的扩大和人口的增加而显著提高。不难发现当今世界上许多标志性的产业集群和城市的发展是相对应的，如伦敦、纽约和东京是国际金融中心代表，纽约的曼哈顿是国际著名商业中心。与专业化相对应，城市化经济对聚集经济的影响作用可以认为是多样化的结果。雅各布斯认为多元化的经济结构也会有效地促进经济或产业活动聚集。一类产业活动的聚集可能会衍生出新的经济活动，经济活动空间也从一个地点或地方延伸到一个城市或区域。

---

1 杨振山，蔡建明. 产业集群理论内涵的演变及对我国城市规划与发展的启示. 城市规划, 2012, 36, 60-68.

2. 产业集聚的理论源泉

有关产业集聚的理论可以分为以下四种。

（1）区域经济学中的产业集聚理论

产业集聚加剧了竞争，竞争是企业获得竞争优势的重要来源。竞争不仅仅表现在对市场的争夺，还表现在其他方面：同处一地的同行业企业有了业绩评价的标尺，可以相互比较。这给企业带来了创新的压力与动力，迫使企业不断降低成本，改进产品及提高服务，追赶技术变革的浪潮。集聚区内的企业比起那些散落在区外的企业，具有更强的竞争优势，更容易进入这一行业的前沿。

产业集聚可以促进创新。企业的创新常常来源于企业之间、企业与用户之间的互动。在产业集聚中，新工艺、新技术能够迅速传播。企业更容易发现产品或服务的缺口，受到启发，发现市场机会，研发新的产品。由于集聚，不同公司员工之间接触沟通的机会增多，有助于相互间的思想碰撞而产生创新思维。同一园区企业管理人员与技术人员的定期交流会对各个企业带来创新灵感，这是知识技术外溢性的体现。

（2）经济地理学中的产业集聚理论

对工业地理集聚的理论思考最早可以追溯到马歇尔。马歇尔认为，某种产业在特定区域的集聚将引起的该区域内企业的整体生产成本下降，这种"外部规模经济"可能引起产业地域集中。而韦伯则从微观企业的区位选择角度阐明了外部经济的来源，比如工厂的地理集聚能够带来专门的维修和原料供应便利、公用设施和道路便利等。所以，多个企业集聚能够比单个企业扩大带来更多的成本节约，而企业是否相互靠近又取决于集聚的收益与运输成本以及工资变动带来的成本之间的对比。20世纪90年代以来，区位经济理论从新熊彼特主义的视角出发，将创新、技术变革、经济增长和贸易的分析相互结合，研究产业集聚的创新体系。波特提出了关于国家和地方竞争力的微观经济理论，从竞争经济学的角度去研究企业集群问题，企业的创新能力在其理论之中凸显价值。

（3）波特的簇群理论与产业集聚

簇群理论的是波特竞争优势理论的新发展，他采用非均衡的动态分析方法研究不同地区和国家内部及之间的产业竞争力和竞争优势问题，突破了传统的建立在一般均衡和静态均衡分析方法基础上的比较优势理论，并创建了"钻石模型"体系来分析企业簇群的竞争源泉与竞争力问题。近年来，基于产业竞争力的簇群规划已成为经济合作与发展组织（Organization for Economic Co-operatin and Developmet, OECD）各国公共政策的主流，因此，波特簇群理论对于我国的经济发展与产业竞争力提升具有重要的指导意义与启示作用（毛艳华，2004）。

簇群是国家或地区产业竞争力的源泉，簇群本意是指在某一特定区域下的一个特别领域，存在着一群相互关联的公司、供应商，关联产业和专门化的制度和协会（罗兰·巴特，2000）。波特认为，簇群的因素支配着当今的世界，发达国家拥有全球竞争优势的企业簇群。最有代表性的就是美国的硅谷，有着微电子高技术产业簇群。

簇群的竞争优势来自产业的内部构造，波特认为企业簇群是"在某一特定领域内相互联系的、在地理位置上集中的公司和机构的集合"。

（4）克鲁格曼的新经济地理学与产业集聚

克鲁格曼对产业集聚进行了系统而详细的描述。新经济地理学在不完全竞争和规模报酬递增的前提下，用规范的数学模型分析了企业规模经济、市场外部经济、交易运输成本、工资等相互作用过程所决定的制造业的集聚动态过程。

克鲁格曼认为，经济活动的聚集与规模经济有密切联系，能够导致收益递增。克鲁格曼把规模报酬递增、不完全竞争市场作为假设前提，在D-S模型基础上加入劳动力流动与要素报酬之间的累积因果关系，劳动力集中度与要素报酬成正比，进一步提高劳动力的集中度，如此便可以解释产业集聚。新经济地理学的核心思想是报酬递增、运输成本与要素流动之间相互作用所产生的向心力导致最初各方面条件都完全相同的两个地区演变成一个核心与外围的产业集聚模式，其中的关键是保持对劳动力流动的高度弹性。

克鲁格曼建立了"中心-外围"模型，认为两个对称的区域一个会发展为核心，另一个会发展为外围区域，从而揭示了经济地理聚集的内在运行机制。该模型的核心经济思想是，一个大的经济区域，由于前向联系和后向联系，将产生一种自我持续的制造业集中现象，经济规模越大，集中越明显。运输成本越低，制造业将在经济中占越高的比重，在厂商水平上的规模经济越明显，越有利于集聚，"中心－外围"的形成取决于规模经济、运输成本和区域国民收入中的制造业份额。这样的"中心－外围"结构依赖于运输成本、规模经济与国民收入中的制造业份额，新经济地理学最重要的基石和假定是任何制造业产品都有运输成本。"中心－外围"理论解释了产业地理集中形成的重要特征：在初始均衡的两个地区，随着贸易成本的逐渐降低，当向心力大于离心力时，劳动的移动最终会导致产业的不对称地理分布。

克鲁格曼认为，技术创新并非是驱动产业集聚的唯一因素，而受"货币外部性"推进的产业集聚却相当普遍，正是与供给、需求相关的货币外部性导致了制造业的地理集中和"中心－外围"模式的形成。

克鲁格曼的新经济地理思想主要体现在他的产业集群模型中，而这个模型主要基于以下事实：企业和产业一般倾向于在特定区位空间集中不同群体，不同的相关活动又倾向于集中在不同区域，空间差异在某种程度上与产业专业化相关。这种同时存在的空间产业集聚和区域专业化的现象，是在城市和区域经济分析中被广泛接受的报酬递增原则的基础。

3.2 开发区建设的现实基础

从 16 世纪地理大发现后，世界市场开始缓慢形成，这个过程是相当漫长的，一直到 20 世纪 60 年代，世界经济体系长期处于传统国际劳动分工格局，集中表现为发达工业国家生产制造工业制成品，发展中国家则负责为发达国家提供原材料和进行初级加工。

这种国际劳动分工格局有着其潜在的内在原因：资本主义大规模工业制造的生产模式需要把整个完整的生产过程都置于一种内部生产一体化的状态，尽力提高生产效率，比如典型的就是福特制。发达工业国家牢牢掌握了工业制造所必需的先进技术，尤其是现代科技越发展，工业制造就越依赖科学技术，发达国家垄断了科技是其得以长期维持旧有的国际劳动分工格局的重要原因之一。

但是从20世纪70年代以来,这种旧有的国际劳动分工秩序逐渐土崩瓦解。发达工业国家的劳动力成本激增、工业用地开发殆尽、环境污染和生态破坏严重、传统市场饱和、新兴产业异军突起等新情况的出现迫使发达国家积极调整本国的产业结构。

开发区新建和发展过程中的区位选择、行政管理、产业构建和土地利用四大核心问题,是从园区自身角度决定开发区建设成败的核心要素,学者们多年来就这四个方面内容开展了深入和持续的研究,对其认识程度不断提高,已经取得较为成熟的研究成果。

1. 区位选择

区位是地理学研究的基本范畴,也是城市开发区早期研究中的核心内容。开发区具有突出的生产要素吸引能力,是平滑空间中的黏结点,表现出和传统农业及工业企业不同的区位特征(Markusen 1996)。对区位因子的研究是提高开发区要素吸引能力和资源配置效率的基础,在技术进步的推动下,创新能力、政府支持等成为最重要的区位因子(Petrou and Daskalopoulou 2015, Britton 1999)。Hudson则认为劳动力、资本等传统工业区位因子表现出新的内涵。对中国的城市开发区而言,劳动力、优惠政策、投资环境、市场空间、与国际市场的距离是最普遍的区位因子(王兴平、崔功豪,2003)。具体讲,交通条件、劳动力成本、投资、城市和区域产业基础、市场状况是影响经济技术开发区布局的主要区位因子(杨先明,2000)。对高新技术产业开发区而言,劳动力素质、政府支持、信息网络、基础设施、生产生活环境、创新氛围等因子则更为重要(王缉慈,1998)。区位因子的影响强度随空间尺度的变化而变化,所以开发区的区位选择需要综合区位因素、区内因素和区域因素(何兴刚,1995,1997)。开发区在宏观、中观和微观三个空间尺度下表现出不同的布局规律和成本效益,也说明有必要从多尺度进行区位选择。

2. 管理体制

城市开发区是制度设计的产物。一定程度上讲，制度的特殊性是开发区和城市其他区域存在多重二元性的根源。各国的城市开发区从管理主体上可以分为政府管理、非政府机构管理和混合管理三种基本类型（谷源祥，1993）。中国的开发区管理面临的情况较为复杂，既要在现行的政治、经济和法律体制下运行，又必须从中突破，于是在实践中构建出一套以管委会为核心的具有中国特色的管理体制（姜杰，2008）。这种管理体制具有超自主性的特点，它独立于所在城市政府，为开发区提供了宏观环境下的"保护伞"，保障其能够高速发展、体制学习和规则创新。开发区管理体制与传统管理体制的内聚或排异过程，影响着开发区的命运：归于普通的行政区、工业区或合法的独立区域（鲍克，2002）。再如，中国的很多开发区都在向新城转型，或是与所在行政区合并办公，这种情况下，一些开发区的行政机构层次和数量都越设越多，背离了最初"小政府、大社会"的组织形式，退化为普通行政区的管理体系（厉无畏、王振，2004）。体制上的褪变，可能弱化开发区的经济活力，所以需要通过转变政府职能、分离管委会管理和开发职能、建立外部管理机构等方法，有意识地进行开发区的体制创新（张志胜，2009）。不同功能类型的开发区源自不同的政策原型，应该拥有差异化的发展过程和发展结果。但单一笼统的政策手段和政策路径（各类开发区的政策重点都局限在土地和税收优惠上），导致中国的城市开发区出现功能趋同的问题。事实上，开发区数量不断增加、分布范围不断扩大，加上优惠政策的实施缺乏时限性，处处有、时时有的优惠政策体系已经丧失了实际效用（张艳、赵民，2007）。例如，以政策原点为衡量基准，经济技术开发区的优惠政策延续表现出明显的时空不匹配，而高新区的优惠政策根本没有达到初设的目标。所以，需要逐步淡化开发区发展政策的空间和经济类型指向，注重研发、创新和创业，更要遵照开发区的发展初衷，进行差异化的政策设计（张艳，2011）。

3. 产业建构

朱彦恒等（2006）认为，中国设立城市开发区的目的之一是发展外向经济，所以开发区的产业发展是本土和跨国公司建立产业联系，然后逐步弱化或强化的过程。政策落差、廉价丰富的劳动力和充足的土地，曾经是中国城市开发区承接发达国家产业转移的绝对优势。开发区自身和外部发展环境不断变化，这些优势也随之逐步瓦解，开发区普遍面临"二次创业"的挑战。宏观层面，开发区原有的发展方针必须调整，研究者们提出不同的设想，例如新城区战略、三个并重战略和体制创新战略；向依靠自身环境优势转变、长期可持续发展转变、提高质量水平转变和区域内综合开发转变的"四个转变"策略（熊军、胡涛，2001）；加快参与世界范围稀缺资源和市场份额争夺、主动参与国内产业结构调整和所有制改革、积极参与自有知识产权的高新技术产业培育的"三参与"战略等（皮黔生、王恺，2004）。城市开发区内部的产业集群对促进开发区产业转型升级意义重大（王缉慈、王可，1999）。这种强大促进作用的根源在于集群为园区内企业带来了更为经济的专业化要素投入、便捷的信息、互补产品、客户效率、公共产品和机构以及有效的激励（陈大雄、贺正楚，2004）。虽然中国开发区的外在形态和产业集群高度相似，但产业集群的现实情况却并不理想，即使在全国产业集群水平最高的长三角地区，依旧存在开发区产业结构层次低、产业同构严重、自主创新机制弱、过度依赖外资等问题（谢守红、周向红，2003）。集群机制缺失，造成大量开发区资源配置效率低、竞争力弱、创新能力不足。如何提高中国城市开发区的产业集群水平成为一个棘手的难题（Tan，2006）。有效的政策支持、选择性的项目引入、集群支持网络建设、创新环境和集群文化是培育开发区内部产业集群的必备条件（于杰，2009；王缉慈、王可，1999）。应当注意到，Philip（1992）指出，由于集群和创新之间存在明显的相互促进作用，科学工业园的产业集群被认为是区域创新系统的外在表现。所以，构建区域创新系统是增强中国开发区的产业发展能力，尤其是促进高新技术产业开发区形成产业集群的重要手段（Pak，1997）。集群与联盟的耦合则更利于推动区域产业创新体系建设和区域经济的发展（连远强，2013）。

4. 土地利用

政策作用下，土地在开发区发展的初级阶段并不是稀缺资源，而是吸引投资的廉价生产要素。规划和调控机制的缺失助长了园区和企业的圈地行为。与国际上的开发区相比，国内开发区普遍规模偏大，土地闲置、布局混杂、基础设施重复建设、低效利用等问题严重（何书金，1999）。合理利用城市开发区土地有助于促进开发区的自我完善、加强辐射带动能力和促进母城的可持续发展，有限的城市土地资源限制了开发区的规模并要求开发区集约节约利用土地（龙花楼、蔡运龙、万军，2000）。

3.3 开发区与产业集聚比较

1. 开发区与产业集聚共有特征

首先，不论是开发区还是产业集聚，都是经济空间中的一种集聚现象增长极。二者都是围绕主导产业推进的一群有活力的、高度联合的企业，它们能迅速增长，并且推动其他部门的增长，最终带动整个经济的增长。

其次，开发区和产业集聚的形成，都离不开以下几个条件：

（1）存在较长的价值链。当企业之间能够组成一个完整而有效率的价值链时，它们更倾向于集中在一起。

（2）企业具有合作的意愿。这是形成分工明确、具有整体合力的网络结构所必需的主观态度条件，这种意愿需要企业自身的远见和政府的引导，同时还可能受到文化环境的影响。

（3）政府发挥作用。在开发区和产业集群建设中，政府所起的作用不容小觑，总的来说包括制定科学的产业发展规划、加强对符合区域经济发展战略的特定产业集群的扶持、为开发区和集群发展创造良好的外部环境等。

（4）资源优势。这里所说的资源并不是狭义的自然资源，而是更广泛意义上的资源。不仅包括各种新能源,还包括教育和研发机构提供的知识和智力支持,根植于社会文化中的信任机制、奋斗精神和合作氛围以及制度优势等。

2. 开发区与产业集聚的差异性

首先,产业集聚只包括一种产业,而开发区可以包括多个产业。其次,产业集聚往往是一种自发形成的现象,开发区则是政策引导下的产物。

产业集聚是指同一产业在某个特定地理区域内高度集中,产业资本要素在空间范围内不断汇聚的一种空间现象,即产业集聚是指在一个适当大的区域范围内,生产某种产品的若干个不同类企业,以及为这些企业配套的上下游企业、相关服务业,高度密集地聚集在一起。产业集聚问题的研究产生于19世纪末,马歇尔在1890年就开始关注产业集聚这一经济现象,并提出了两个重要的概念即"内部经济"和"外部经济"。马歇尔之后,产业集聚理论有了较大的发展,出现了许多流派。

开发区是指在城市或其他有开发前景的区域,划出一定的范围,经政府科学规划论证和严格审批、实行特殊体制和特殊政策的开放开发区域。根据开发区的功能定位,我国将开发区分为经济特区、经济技术开发区、高新技术产业开发区、出口加工区、保税区、国家旅游度假、台商投资区等。在这些开发区中,影响最大、数量较多的是国家级经济技术开发区与国家级高新技术产业开发区。广义的开发区包括出口加工区、自由贸易区,以及后来衍生出来的保税区、经济技术开发区、高新技术产业区或科技园区等不同类型(郑静、薛德升,2000)。

第4章

产业集聚导向下的城市产业空间重构

4.1 产业集聚与城市产业空间

城市产业空间分为实体空间和经济空间两个维度,产业集聚作为一种空间现象,通过它可以建立经济空间和实体空间之间的紧密联系。经济空间的改善需要有活力的经济活动,这在很大程度上取决于城市的位置和周围环境,即实体空间。

1. 产业集聚与城市产业的实体空间

城市产业的实体空间是经济空间的基础,产业集聚是城市实体空间的重要组成部分。空间规划更多地集中在空间经济活动的地理分布和其特征上,实体空间将产业集聚视为一组行业,或多个群体的组合。以北京中关村产业园区为例,中关村产业园区包括各种高科技活动:信息技术、生物制药和电子产品。此外,产业集聚作为实体空间的一部分,与城市产业的其他部分有着紧密的互动。

从实体空间角度来看,城市产业的核心体现在工业园区和商业园区上。从这个意义上讲,产业集聚是重构城市当前空间组织的重要手段。产业集聚作为一个核心概念和工具,有可能进一步改善经济和空间政策的整合以及城市实体空间的质量。

2. 产业集聚与城市产业的经济空间

城市产业的经济空间是实体空间的延伸,产业集聚是城市产业经济空间的主导部分。以北京为例,工业园区在北京经济中发挥着主导作用。在中关村科技园成功之后,整个城市出现了几个不同规模的园区,到2003年,它们的数量已达到470个。其中有19个工业园区,三个具有国家地位,包括中关村产业园区(高科技)、北京开发区(制造业)和天竺产业园区(物流和汽车制造)。除了这些制造园区外,还有两个重要的高端服务区域:一个是金融街/区,一个是中央商务区(Central Business District,CBD)。与金融街相比，CBD起步较晚，但作为高端服务和企业的主要集中地，其增长速度非常快。2007年，项目投资达到6400亿元。2004～2007年期间，年增长额为人民币810亿元，园区固定资产投资增长5.6%，占全市投资的30%～40%。全部工业园区总产值为5260亿元，2004～2007年度年均增长率为24.7%，这远远高于同期城市GDP年增长率15.6%。对于中关村产业园区，工业产出每年增长28.1%。园区总产值占2004年全市国内生产总值的12.6%，2007年占17.1%；总收入为11459亿元，增长率为26.3%。

4.2 产业集聚的空间表现形式[1]

城市中的不同产业集群分布在城市的不同位置，受到土地价格、劳动力价格、政策管制等因素的影响，现代大城市已经形成了其特有的产业实体空间，这决定了企业和工厂的位置分布（图4-1）。

产业集聚确保了城市经济活动的集中性，同时构成了城市空间结构的一部分。产业集聚的空间表现形式是处于动态发展之中的，产业集聚的空间变化会导致城市空间表现形式的变动。

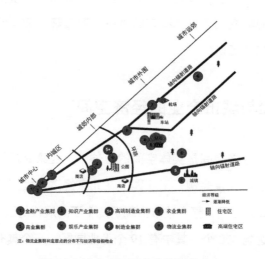

图4-1　城市中不同产业集聚的分布

1　Yang Z, Hao P and Cai J. (2015) Economic clusters: A bridge between economic and spatial policies in the case of Beijing. Cities 42: 171-185.

4.3 产业集群推动下的城市产业空间演进

产业集群处于不断的动态发展之中，其扩大和发展影响着城市的产业空间的演进，理论研究表明城市产业集群的发展有一定的周期性规律。产业集群是城市产业空间的重要推动力，因此，城市的产业空间随着产业集群的发展也在不断变化之中，经历着扩大、成熟、衰落等各个阶段。

由于本地和非本地的出入流、供应链关系变动、规模和组织变化、产出变化等原因，产业集群会呈现随着时间推进而不断变化的趋势。不同时期，不同的产业集群结构形成了一定时期的产业结构和变迁动态，这一演进过程被解释为产业的生命周期（Yang and Dunford，2018）。这一周期受到弗农创立的初始产品/行业生命周期模型的启发，弗农的模型是用来研究成熟产品生产由创新区域向低成本且接近新客户和供应商的地区搬迁转移过程（Vernon，1979）。但在某种程度上，产业生命周期不同于用来解释产品和产业发展的现有模型，后者不关注空间动态。

作为一种生命周期，其理论一般包括两个方面，一是推动其演进的内在逻辑，二是其历史性的发展顺序（Ven and Poole，1995）。一般认为，这一周期包括发展、扩张、成熟、转型等阶段（Klink and Langen，2010）。而对推动集群演进的内在逻辑的解释一般分为两类，一类认为是产业-技术周期推动集群演进，另一类认为是集聚效应的内在机制推动集群演进（Martin and Sunley，2003）。

前者认为，随着技术-产业生命周期的成熟，集群优势逐渐成为劣势，随着过程创新的日益重要，产业在空间上趋于分散。在集群产生初期，企业的经济价值和利润水平更高，同时，当地的外部经济在一个行业和技术发展的早期阶段尤其重要。因此，集群化的产业在早期阶段可能比非集群化的竞争者运作得更好。在考察技术进步产业从创新到成熟的演进过程的研究中，创新活动空间有集聚的趋势（Klepper and Simons，1997）。然而，随着主导产品设计的出现，以及创新的焦点转向过程和生产效率，而不是新产品，集群的益处就会降低，其原因可能是拥塞和交易成本高企且不断上升，也可能是集体"锁定"于既定的产业模式。因此，人们通常认为，在产业发展的后期，企业可能会将生产转移到成本较低的地区（Audretsch and Feldman，1996；Klink and Langen，2010；Lundvall et al.，2007；Swann，1998）。

后者则认为，集聚效应的内在机制，即吸引企业集聚的"拉力"与促使企业分散的"推力"之间的平衡导致了集群的演变，如果城市中或区域内存在过度集聚，那么无论产业-技术生命周期处于哪个阶段，集群都会趋于衰落（Maskell and Malmberg，2007；Neffke、Henning and Boschma，2009；Potter and Watts，2011）。基于前两种理论，并考察产业集群特性，一些学者发展出了复合适应性循环模型（complex adaptive life-cycle model）来描述和解释产业集群生命周期（Cumming and Collier，2005）。

在复合适应性循环理论的基础上，集群的发展轨迹存在六种形态（Martin and Sunley，2003），包括完整集群自适应周期、集群不断变异、集群稳定、集群重新定位、集群衰败、集群消失等。

完整集群自适应周期遵循典型的适应性循环过程理论，包括出现、生长、成熟、衰退，并最终被一个新的集群取代等不同阶段，其中，替代集群可能会利用从旧集群继承的资源和功能。当集群经历周期的各个阶段时，适应力会先上升，然后下降。集群萎缩的原因可能是内部僵化，也可能是增长回报效应耗尽，还有可能是无法承受重大的外部竞争冲击。但是，旧的集群能留下足够的资源、可被继承的能力和竞争力来为将要出现的基于相关或同源专业的新集群提供基础。其他五种集群发展轨迹是上述完整周期在不同条件和集群发展程度下产生的不同路径表现。

第5章
产业集聚与城市产业空间的实证研究：以北京为例

5.1 研究区介绍

北京是一个适合研究经济和空间重组的城市。作为首都，北京是中国最大的城市之一。20世纪80年代初，北京开始了从计划经济向市场经济转型的过程，对经济结构和建设产生了重大影响。经济集群倡议已逐渐纳入该市的政策议程，并已成为发展的重要组成部分。

5.2 研究数据

1. 投入产出（I-O）数据

北京统计局的I-O数据为1987年、1992年、1997年、2002年和2007年的两位数标准行业分类（SIC）编制，该分类是目前国内I-O数据最优的行业分类。选定的时间在很大程度上符合北京经济发展的关键阶段：1987年，市场与计划经济体制并存；1992年，社会主义市场经济体制确立，以信息技术为主导的中关村产业园建立；服务业的增长，其产值和就业在20世纪90年代中期超过了制造业；清除污染工业；2000年后城市的全球化。以上的阶段变化为研究产业集群的生命周期提供了很好的案例。

随着时间的推移，北京I-O数据为服务业提供了越来越多的细节。例如，1992年的表格增加了家庭服务；1997年增加了物流、旅游、娱乐及专业服务。2007年，I-O表格列有城市公共运输服务、管道运输、航运、银行、研究及设计、社会保障及媒体等方面的新资料。其对制造业的I-O数据也作了修正，例如，使设备和化学制造业之间的区别更加明确。产业分类系统的变化并不影响EFA方法的应用，因为无论数据之间的关系如何，EFA方法的实质是探索潜在的数据结构；分析的重点是仔细分析行业的进入和退出。研究数据包括1987年、1992年、1997年、2002年和2007年对79个制造业部门和26、22、31和40个服务业部门进行的调查。

2. 企业数据

空间聚类检验的数据来源于北京市工商局注册商业机构的公司级记录。由于数据可获得性，1998年的投入产出表和1998～2002年的公司记录有记录，假设2002年的职能关系主要由前5年形成的公司的性质决定（在中国5年通常是一个规划或政策时期）。I-O表记录了北京79个制造业和40个服务业的两位数标准行业分类。公司级别的数据集记录了在此期间成立的公司的邮政编码、就业统计数据和就业性质。

分析期间北京市总面积为16087km^2，包括6个内城区、5个外城区和5个远郊区（图5-1）。城市的空间发展也以环线快速路为特征，通常以四环路作为城市的分隔线，城区面积约为670km^2。记录北京市的商业机构邮政编码达220个，并允许对其经济活动进行地理编码。

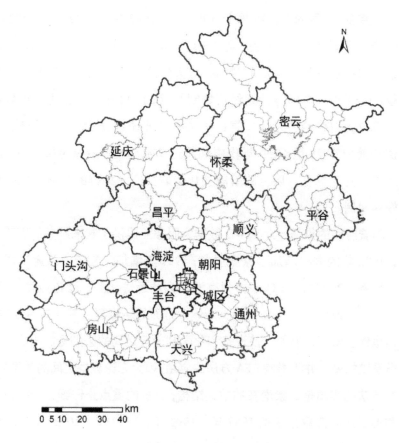

图5-1 北京的空间结构和邮政分区

根据 I-O 表格中的 SIC，就业数据进一步按照公司的主要业务范围进行编码。共处理了 8250150 名雇员的 328844 项企业记录。必须注意的是，如果有企业当年员工实际数据，那么比登记数据更适合于分析。但是，该数据集没有提供关于公司变化或其他变更的记录。由于这种局限性，很难获得城市地区所有企业的实时就业信息。不过，五年的总增长数据可以看作是这一时期就业增长模式的近似值，从而可以分析各职能关系的空间格局。

5.3 研究方法

1. 提取城市产业集群

现在北京有 24 个国家级或市级重点园区，成为推动产业发展的平台。分别是中关村示范区海淀园、中关村示范区丰台园、中关村示范区昌平园、中关村示范区德胜园、中关村示范区雍和园、中关村示范区石景山园、中关村示范区大兴园、中关村示范区健翔园、中关村示范区微软园、北京天竺综合保税区、北京大兴经济技术开发区、北京通州经济技术开发区、北京雁栖经济技术开发区、北京密云经济技术开发区、北京林河经济技术开发区、北京八达岭经济技术开发区、北京延庆经济技术开发区、北京平谷经济技术开发区、北京永乐经济技术开发区、北京亦庄经济技术开发区、北京金桥科技产业基地、北京隆盛工业园、北京兴盛工业园、北京康盛工业园。

2. 分析产业集群演变和产业结构演进

目前存在许多 I-O 聚类分析技术，如基于熵的分析用于检验产业多样化，以及产业集团之间和内部的分散程度和模式（Attaran et al., 1987）；再如利用网络测度，如特征向量中心性（Alatriste-Contreras, 2015）和随机游走中心性（Blöchl et al., 2011）来寻找最短路径或最大流量，以促进供给的传播，例如，通过识别关键行业并对其进行排序。EFA 揭示了一组相对较大的变量（行业相似性）的基本结构（集群）。前两个著名的指标没有考虑行业是否有相似的供应商和客户，尽管结构相似性是区域发展的重要驱动力（Delgado、Porter and Stern，2014），结构相似的行业面临相似的风险和机会（Muniz，2013）。

因此，选择 EFA 方法。它涉及相关矩阵的主成分分析（PCA），使变量无量纲，不同分析结果具有可比性（Martinez、Martinez and Solka，2010）。事实证明，这种方法成功地揭示了工业子系统的相互作用网络和关键联系，并确定了由具有共同供应来源或共同产出目标的产业组成的集群（OhUallachain，1984）。

具体地说，在 I-O 表中，如果 a_{ij} 和 b_{ij} 是 i 部门商品和服务在 j 之间或到 j 之间的购销价值，则中间购销系数 p_{ij} 和 s_{ij} 计算为：

$$p_{ij}=\frac{a_{ij}}{\sum_{j} a_{ij}}, \ s_{ij}=\frac{b_{ij}}{\sum_{j} b_{ij}} \tag{5-1}$$

每一个系数都是产业 i 与 j 之间的相对联系在相对购买和销售方面的依赖关系的一个指标。它们分别由向量 p 和 s 组成，表示行业的需求和供应模式。每对产业 m 和 n 都有需求模式 p_m 和 p_n，供给模式 s_m 和 s_n。通过相关性分析，可以对两个行业的供求关系进行评价，得出四种结构相似性：采购相似性 r_{pp}，销售相似性 r_{ss}，采购-销售相似性 r_{ps} 和销售-采购相似性 r_{sp}。比较这四个值后，可以选择最重要的关系作为 PCA 性能的基线变量。

主成分分析采用 SPSS 进行。采用不小于 1 的特征值提取因子，并用 Varimax 法提取因子以便于解释。参照以往的研究（Akgüngör，2006；Feser and Bergman，2000；Roepke、Adams and Wiseman，2010），选择因子负荷不小于 0.4 的变量来确定因子的表示形式（行业集群模式）。

首先对所有行业进行主成分分析，发现几乎所有的服务业由于其低因子负荷而被排除在成分矩阵之外（<0.4）。鉴于服务经济的重要性，对制造业和服务业分别执行上述程序。

本节比较了上游指向、下游指向和最大算子方法。这个比较表明最大算子提供了一个更全面、更清晰的分组。在上游指向和下游指向方法中确定的所有关键行业几乎都包含在最大算子方法中。此外，如果使用不小于1的特征值作为选择分量的准则，则最大算子解释的方差比例要高得多。更重要的是，产业集聚可以来自多个方面，包括共同的供应商、客户和客户-供应商/供应商-客户关系，这一事实使得考虑所有四种可能的相似性并选择其中最强的来确定区域产业集群更为合理。

结构最大相似度矩阵 M 可表示为：

$$M_{ij}=\max\{r_{pp}(p_i,p_j),\ r_{ps}(p_i,s_j),\ r_{ss}(s_i,s_j),\ r_{sp}(s_i,p_j)\} \quad (5-2)$$

为了解释这些分组，有必要知道选择哪个系数值为最大，以及该矩阵在购买和销售情况方面是否一致。计算得知，在 1987～2007 年间，在四种供应商和客户关系中，相似的购买模式在制造业里占到了 63%～80%，在服务业中占 80%～86%，因此，具有相同的供应商结构在结构相似性矩阵中占主导地位，其次是相似的销售模式（10%～22%）（表 5-1）。换句话说，在北京，产业集群主要由具有类似上游联系并从相关外部性中获益的制造业和服务业组成，少数制造业集群具有类似的下游联系。

1987～2007 年北京市投入产出表中四类相似系数的份额　　表 5-1

类别	制造业					服务业				
	1987	1992	1997	2002	2007	1987	1992	1997	2002	2007
购买-购买	80%	79%	65%	73%	63%	85%	93%	80%	83%	86%
购买-销售	4%	6%	8%	6%	8%	3%	2%	4%	2%	3%
销售-销售	12%	10%	19%	15%	22%	9%	3%	12%	13%	8%
销售-购买	4%	6%	8%	6%	8%	3%	2%	4%	2%	3%

进一步，通过只选择那些满足 Kasier 特征值不小于 1 的分量来得到集群（Akgüngör, 2006; Feser and Bergman, 2000）。通过变量最大旋转推导因子负荷，以解释这些成分/因素。分析中分别考虑了制造业和服务业。

为了研究集群内产业的作用，引入了两个指标。这些指标的作用是比较各组在不同时间点的部门组成，并提供一种了解在不断演变和多样化的经济结构内,集群演化各个阶段的方法。

产业集群结构相似性(ISS) 结构相似性是指产业与集群之间的相似性程度,其可以从因子负荷的解释中得到。高度的相似性意味着行业的高度重要性。在一定程度上,ISS 确定了一种核心-外围结构类型,其中一些产业之间的关联性较强,核心占据主导地位,外围则依赖于核心(Muñiz、Raya and Carvajal,2010)。

具体地说,因子负荷衡量了该部门对特定集群的实质重要性。技术上,因子载荷 f 的平方,用 $S = f^2$ 表示,等于变量(部门)与因子(集群)之间的 Pearson 相关系数(Field,2005)。它显示了所有单个部门和每个确定的子系统(集群)之间的关联程度(Huallacháin,2015),因此,可以理解为一个行业与集群的结构相似性,或者一个行业与集群的中心地位。在统计中,使用绝对值不小于 0.4 的因子负荷,其中部门与因子(集群)的相关性为 16%(Field,2005)。

为了便于分析,ISS 可被归类为与集群:

高度相似性($c1$):$|F| \geq 0.9$;产业与集群模式的相似性超过 80%。

中等相似性($c2$):$0.9 \geq |F| \geq 0.7$;一个行业与集群模式的相似性为 50%~80%。

与集群模式的基本相似性($c3$):$0.7 \geq |F| \geq 0.4$;一个行业与集群模式有 16%~49% 的相似性。

产业的经济重要性(IES) 行业成员的经济意义也得到讨论,即其总输入或输出。部门数量、产出和对投入产出的需求变化是区域结构变化和区域增长路径的重要方面(Sonis et al.,2010)。有时,产业规模和"实力"(即相对规模)的增长被视为集聚的推动力(Delgado、Porter and Stern,2010)。

不同规模的行业对集群事务的影响程度不同。由于分析仅限于北京的中间交易,因此衡量一个行业相对经济重要性的方法是将其产出与制造业或服务业的总产出进行比较。使用第 33 个百分位数和第 66 个百分位数将行业分为三组。假设 x 是第 i 部门的产值,x_M 和 x_S 是所有制造业和服务业的总投入/产出。按产出可分为三类:

(1)最大的行业(M1 部门):如果 $x_i \geq 66\% \, x_M$ 用于制造业,或者 x_i

$\geqslant 66\% \ x_S$ 用于服务业。

（2）大型行业（M2 行业）：如果 $33\% \ x_M \geqslant x_i > 66\% \ x_M$ 用于制造业，或者 $33\% \ x_S \geqslant x_i > 66\% \ x_i$ 用于服务业。

（3）小型工业（M3 部门）：$x_i < 33\% \ x_M$ 用于制造业，或 $x_i < 33\% \ x_S$ 用于服务业。

5.4 北京市产业集群

主成分分析得出 17 个制造业和 7 个服务业的协同聚集（表 5-2）。17 个制造业包括食品制造业，酒、饮料和精制茶制造业，纺织业，纺织服装、服饰业，造纸和纸制品业，印刷和记录媒介复制业，石油加工、炼焦和核燃料加工业，化学原料和化学制品制造业，医药制造业，橡胶和塑料制品业，非金属矿物制品业，金属制品业，通用设备制造业，专用设备制造业，汽车制造业，电气机械和器材制造业，计算机、通信和其他电子设备制造业。7 个服务业涵盖金融、保险、房地产、商业、文化、信息、教育、科学、公共服务、公共行政。

北京市主要产业集群及其涉及的行业部门　　　　表 5-2

类型	产业集群	产业
服务业	金融，保险，房地产和商务（FIRE）	金融，商务，房地产，财产管理，运输相关行业*，能源供应相关类别*
	文化与信息（EI）	文化，艺术与广播，广告，信息通信服务，电信，技术通信和服务
	教育与科学（ES）	教育，科研与开发，专业服务，技术服务
	公共服务	公共服务，其他社会活动服务，个人和家庭活动
	公共行政	公共行政
制造服务业	信息与通信技术（ICT）	计算机制造，计算机零件制造，测量，测试，导航和控制设备制造；钟表，电气设备的制造，其他电气机械的设备的制造，通信设备的制造，电子零件的制造，消费电子产品的制造，其他电子和通信产品，信息通信和服务，计算机相关服务，软件
	保健与制药（HCP）	制药，保健，专业服务
	食品与住宿	食品或食品加工，食品和饮料服务，枫木食品和草料制造，酒精和饮料制造，肉和肉加工，住宿

续表

类型	产业集群	产业
制造业	石油化学	石油工业，基础化学材料，化学合成材料，其他非金属矿物产品，石油产品制造，有机化学产品制造，塑料产品制造
	印刷及纸制品	记录媒体的印刷和复印，纸制品制造
	纺织与服装	服装，棉纺织品，羊毛纺织品，缝纫
	汽车与物流（AVL）*	汽车产业
	机械制造与金属加工（MMM）	金属加工，（其他）特殊设备制造，（其他）通用设备制造，其他电气机械和设备制造，钢铁加工，电力供应，锅炉，发动机和涡轮机制造，其他机械产品制造，钢铁相关工业，工业设备制造
	建筑	建筑，建筑材料
	其他*	航空旅客航空货物，旅客和货运的陆路运输，能源供应（包括电力、蒸汽、天然气和空调供应）

注：如果与运输相关的产业与汽车制造业相关联，则被视为汽车与物流的集群，否则将其视为本案例中其他集群的成员。能源供应取决于它的主要主机群，这些主机群可以是FIRE，机械和金属加工制造或石化产品。

制造业和服务业的总解释方差分别达到84.3%和89.7%。输出值的总和超过城市的总和是因为一些行业贡献了多个集群，例如计算机服务计算的知识在这两个模式（信息技术、教育、科学和技术）和公共和社会服务，反映出城市地区的协同集聚可能并不具有排他性的情况。

根据经济产值和解释变量的结果，制造业的协同集聚最显著的是机械和金属加工（MM）。商业服务业活动有两种相关模式：面向生产者服务的商业服务业（PSFB）和面向消费者服务的商业服务业（CSFB）。前者主要包括交通相关行业、商业、房地产、租赁和酒店服务，与生产性服务业密切相关；后者包括食品服务和住房服务。组成集群的行业可以通过分量矩阵来识别。

5.5 产业集群演变和产业结构演进

1. 产业集群生命周期和产业间联系

上一小节通过对产业上下游关系相似性演化的考察，为研究集群演化提供了一种可操作的方法。首先，它允许识别与集群成员关系紧密的核心行业。这些产业驱动竞争，并为新集群的出现提供遗传物质（Martin and Sunley，2003）。例如，金属加工、机械制造和设备相关部门提供了资产，促使了 MMM 相关集群的出现。虽然这个集群经历了不断的分解和重组，其中的一些行业可能在集群模式中消失了一段时间，但这些行业可能是集群发展的关键行业，这可能是因为它们具有重要的价值和先进的技术。其次，相似性在一定程度上解释了驱动集群演化的选择机制。在一定的技术条件、供应商质量和市场需求条件下，推动了前后联动模式相似的产业选择。所选联系的变化反映了新产品和新的工业间和公司间关系的出现。例如，计算机制造业逐渐发展出与通信设备、消费电子等行业类似的联系，形成了北京 ICT 集群。

这种产业间关系视角为理解集群生命周期及其作为北京经济驱动力的作用提供了一种定量方法。区域经济的升级、崛起和一定程度的分解，是区域经济结构调整和新的增长点。最显著的整体变化是城市从制造业中心向服务型经济的转型，以及服务业集群（如 FBRI）的快速增长。然而，更详细的分析也揭示了这个部门和城市经济结构调整的更复杂和不那么明显的方面：在计划经济时期，住宿与 FBRI 的生产者——服务挂钩，比如说酒店（其中许多是工厂拥有的"招待所"）主要服务于商务旅客，而仓储业是 1987 年面向消费者的 FBRI 集群的一部分，因为食品和一些家庭用品是由政府机构分配和分销的。随着社会主义市场经济体制的发展，FBRI 集群与房地产、保险、交通等产业一起快速发展成为生产性服务业，而消费服务业的增长与社会服务、食品、住宿等产业紧密相连，形成了与西方市场经济相近的格局。

这些产业集群也使北京作为一个新的快速发展的城市与全球市场接轨。例如，ICT（Informational Communications Technolgy）集群集中在 ZSP，这是主要 ICT 公司的所在地（Tao、Yang and Chahine，2016；Yang et al.，2012）。FBRI 集群的增长反映了资本流动和贸易的增长，因为北京成为中国与全球经济之间的一个接口。

2. 集群演化和城市转型的内生及外生动力

集群演化可以同时受到内部和外部因素的影响 (Dietzenbacher 2005)。在向市场经济过渡早期的 1987 年，这些集群很大一部分的输出是开展世界其他国家和中国内地其他地区间的出口和进口（表 5-3）。一个例外是，在开发较弱的与 FBRI 相关的集群中，进口占产出的比例较低。市场经济转型对北京经济起到了外部"冲击"的作用，尤其体现在 1992 年和 1997 年北京制造业集群对中国其他地区出口占产出的比重大幅下降，以及对世界其他地区出口的初步增长。这些冲击在推动 ICT 和 FBRI 集群升级，以及 MMM 分解为几个专门的子集群方面发挥了重要作用。图 5-2 阐述了重型机械、金属加工和汽车（MMM）集群的分解。MMM 集群的分解随着核心产业的持续退出而不断发生，逐渐被划分为几个较小的产业，例如，在计划经济时期，文化产品制造存在于 MMM 产业集群，而在 1978 年以后，文艺产业退出该产业集群。MMM 集群的分解与汽车集群的出现相吻合。在 1987～1992 年间，三大冲击，经济变革、汽车市场变化、对于国有以企业政府支持（例如，在材料供应方面）的结束，导致汽车产业整体上从所属产业集群中消失。1997 年之后，该产业才在政府支持的合资企业的帮助下，随着城市市场的发展将其与 MMM 集群重新连接，找到了新的"机遇"。2002 年，MMM 集群的进一步分解产生了几个新集群，包括"汽车"和"钢铁加工"集群。到 2007 年，MMM 进一步细分为"钢铁加工"、"金属合金"和"设备制造"。

MMM 集群的分解与汽车集群的出现相吻合。在 1987～1992 年间，由于经济改革，汽车市场的变化以及完全一体化国家对政府的大力支持（例如，在材料供应方面）的结束，汽车工业无法从产业集群谱系中找出来。1997 年之后，该行业在政府支持的合资企业的帮助下，随着城市市场的发展将其与 MMM 集群重新连接，找到了新的"机遇"。到 2002 年，MMM 集群的进一步分解看到了几个新集群的出现，包括升级的"汽车"和"钢铁加工"集群，到 2007 年进一步专业化为"钢铁加工"、"金属合金"和"设备制造"。

ICT 集群也在很大程度上经历了产业集群的出现和升级相互交织的过

程。如图5-2所示，ICT集群在1987年进行了转型之后从消费和通信电子集群中脱颖而出。1997年前的计算机群集演变成为不同的新集群。如1992年的消费电子产品升级为1997年的通信设备和特殊设备产业群，这两个小型集群在2002年合并升级为ICT集群。

图5-2显示了两种类型的集群之间关联的可能性。集群的上半部分更注重生产，而下半部分与生活服务更相关。然而，这两个部分并不互相排斥，包括商业，房地产和金融在内的一些行业与它们两者相关。图5-3表明，1997年，集群发展缓慢主要是因为某些服务行业和服务集群经济仅在市场经济的扩张和整体发展水平的提高中才发挥重要作用，此时FBRI集群经历了持续升级。通过研究行业上下游关系中相似性的演变，创新了一种以运营方式研究集群演变的方法。首先，它允许通过与集群成员之间紧密关系的网络来识别核心产业。这些行业推动了竞争力，并为新集群的出现提供了遗传物质（Martin and Sunley，2011）。例如，金属加工、机械制造和设备相关部门提供的资产允许MMM相关新集群的产生。其次，相似性在一定程度上解释了驱动集群发展的选择机制。某些技术，供应商质量和市场需求条件会推动行业选择类似的前后链接模式。后链接的变化反映了新产品，产业和企业关系的出现。例如，计算机制造业逐渐发展了与通信设备，消费电子产品和其他行业的类似联系，从而形成了北京ICT集群（图5-2）。

集群有时会沿着自己的路径发展，有时会受到与其他集群的相互依赖性的影响（图5-2和图5-3），从而使生命周期过程变得复杂。例如，汽车行业是1987年和1997年的"重型机械、金属加工和汽车"产业集群的成员，但到2002年已成为独立的产业集群。这两种类型的FBRI产业集群相互联系，并受到商业和房地产业的相互影响。

全球一体化提供了升级的机会，并在1992年以后引起了重大的结构调整。在这一转变中，同样非常引人注目的是进出口在产出中所占比例的相对规模发生了变化。2007年，制造业集群的进口份额超过出口份额，部分反映了制造业的转移，而FBRI的出口份额相对较大，工商、贸易和交通运输也反映了北京作为服务中心的实力。

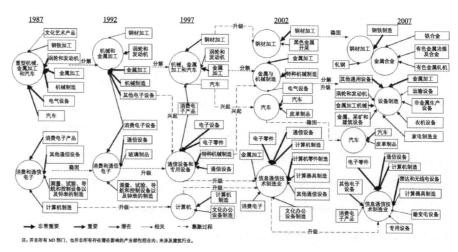

图 5-2 机械和金属加工（MMM）及电子信息产业制造（ICT）产业集群的相关演变

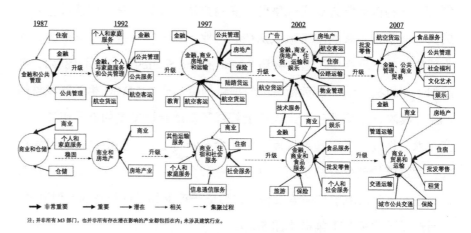

图 5-3 FBRI 产业集群的相关演变

北京被分析集群进出口联系（单位：%）						表 5-3
	对国内其他地区的出口	对国外的出口	从国内其他地区进口	从国外进口	总出口	总进口
1987 年						
重型机械、金属加工和汽车	40	2	34	8	42	42
ICT 制造	42	2	49	3	44	53
金融和公共管理	43	2	9	1	45	9
商业和仓储	28	1	4	1	29	5
1992 年						
重型机械和金属加工	3	23	16	21	26	37
通信和电子消费品	3	24	20	14	27	34
电脑	0.2	0.7	10	4	0.9	14

续表

	对国内其他地区的出口	对国外的出口	从国内其他地区进口	从国外进口	总出口	总进口
金融和公共管理	22	2	1	8	24	9
商业	16	16	0	0	21	0
1997年						
机械和金属加工	5	5	39	5	10	44
电子、电气和通信	2	16	47	38	18	85
计算机	0.3	0.9	9	4	1	13
金融、商务、房地产和交通	22	7	12	2	29	14
商业和住宿	12	11	23	5	23	28
2002年						
金属和机械制造	39	11	112	11	50	123
钢材加工	59	6	91	21	65	112
有色金属	5	2	12	3	7	15
汽车	19	3	45	4	21	49
ICT制造	52	18	25	39	70	64
金融、商务、房地产和交通	30	6	8	2	35	10
商业、金融和餐饮	30	6	9	3	36	12
2007年						
金属和机械制造	10	3	30	9	13	40
有色金属	4	2	12	2	7	14
钢材加工和制造	6	1	15	8	7	23
汽车	21	3	44	4	24	48
ICT制造	17	53	44	36	70	80
金融、公共管理、商务和商业	54	17	7	17	72	24
保险、住宿和交通	28	30	26	14	58	40

部分核心产业的区位商 LQ 值表明，产业集中度的动态和与之相关的产业集群的演化是平行的。金属制造、机械设备和电力行业在1992年达到峰值，然后随着 $LQ<1$ 而下降。1987~2002年，计算机、电子、电信和金融的平均值都超过了1。

这一证据表明，北京的部门结构演变不同于整个国家的演变，也不同于北京产业的国家演变。尽管全球化不可避免地会影响北京的经济，但其特有的内在特征对其产业集群的形成具有重要的影响。北京的独特性在进出口联系（表5-2）和核心产业的 LQ 值的变化中表现得很明显，这些变化反映了北京的专业化和潜在的上下游联系。利用这些资产和更广泛的市场趋势，集群演化的部分原因在于：(1)存在多种中间产品和能力，从中可以形成新的产品和产业，或改造现有的集群和产业；(2)深化劳动分工的机会；(3)技术创新和组织创新。北京的独特性来自于这些过程的路径依赖和产业结构依赖性质，以及多为本地进行的经济交易（采购和销售）提供一种思想和信息流动的渠道、一种创新和人才发展的方式。例如在ICT集群中，出现新的产业发展机会，并潜在地使一个地区得以重塑自己（Bathelt and Boggs，2010）。新发展的结果也往往是地方化的（Hirschman and Sirkin，1958）：

在区域主体与集群演化的相互作用中，政策干预是一种强有力的选择机制。例如，20世纪50年代，在国家的大力支持下，首钢集团（首都钢铁公司）这个拥有10万多名员工的大型国有企业的成立，使钢铁制造业成为北京MMM集群的重要组成部分。钢铁最终成为一个独立的产业集群。然而，在2004~2011年，为了减少北京的空气污染，其被关闭并搬迁。这种政策选择是重工业从集群模式中消失的主要原因。

政策干预显著影响集群的产生和升级，包括产业园区的建立，而产业园区与本研究中确定的特定集群的发展密切相关。例如，为ICT发展而设立的ZSP、旨在发展高端制造业的北京开发区（Beijing Economic Technology Development Area，BDA）、集中汽车物流产业的天竺园区、银行扎堆的金融街、高端商务服务集聚的CBD（Yang et al.，2013）。与资本主义市场经济国家不同，中国政府有能力果断、迅速地采取行动。这些外部因素在一定程度上鼓励和促进了技术升级、竞争力增强、知识创造和溢出效应等内部因素作为集群演化的驱动因素发挥作用。

5.6 产业集群的空间组织形式

基于上述就业数据（根据导出的集聚模式进一步聚合）和探索性空间数据分析技术，本书研究了产业协同集聚（即产业集群的空间映射）的空间表征。该技术无需事先了解研究区域，即可从空间变量本身揭示空间依赖性和空间异质性。较为流行的探索性空间数据分析方法是局部空间关联指标（LISA），特别是局部 Moran I 指数。LISA 承认城市或区域内部普遍存在的空间异质性，以检验经济活动是否具有随机的空间分布（Fotheringham、Charlton and Brunsdon，1998）。局部 Moran I 指数被广泛用于研究社会和经济事件的空间格局（Baumont、Ertur and Gallo，2004）。它显示了有意义的空间配置，以解释社会经济因素的结果。因此，选择局部 Moran I 指数作为分析的指标。I 的正值显著表示相似值（高或低）的空间聚类，负值显著表示空间差异性，接近零表示经济活动是随机分布的（Anselin and Florax，1995；Williams and Currid-Halkett，2014）。

因为北京市的空间单元（邮政编码）有 $n = 220$ 个，x_i 是 i 单元内集群 x 就业增加的观察值，$\bar{x}$ 为所有区域 x 的平均值，全域莫兰 I 指数计算方式如下：

$$I = n / \sum_{i=1}^{n}\sum_{j=1}^{n} w_{ij} \times \sum_{i=1}^{n}\sum_{j=1}^{n} w_{ij}(x_i - \bar{x})(x_j - \bar{x}) / \sum_{i=1}^{n}(x_i - \bar{x})^2 \qquad (5-3)$$

其中，w_{ij} 为空间权重（$j \neq i$）。

地方的莫兰 I 值为：

$$I_i = (x_i - \bar{x}) / c \times \sum_j w_{ij}(x_j - \bar{x}) \qquad (5-4)$$

其中，$c = \sum_i (x_i - \bar{x})^2 / n$。

位置相似度由空间权重矩阵 W 和元素 w_{ij} 定义，表示变量值相关的位置。更正式地说，当 i 和 j 相邻时，$w_{ij} = 1$，否则 $w_{ij} = 0$。考虑到空间联系可能是全市范围的，而经济的集群从城市规模和市场容量中获益，因此空间权重是根据距离策略来衡量的。北京的邮政编码区域中心点之间的距离为 16~100km，在良好的交通条件下，60km 约为 1h 的车程；因此，选择 30km、45km、60km 和 90km 来配置"相邻矩阵"。在进行这些计算时，将空间权值矩阵 $W(w_{ij})$ 行标准化，以避免尺度依赖性，并便于统计数据的解释（Anselin and Florax，1995）。

选择空间随机场作为统计核验（Anselin and Florax，1995），基于计算排列，产生 pseudo-significance 水平（$p = 0.05$ 的研究），用以检验 local Moran I 的显著性水平。这里使用 9999 个排列来计算经验分布，以避免对特定的随机化非常敏感（Anselin and Florax，1995）。

使用全局 Moran I 值来检查所有地理单元中给定功能关系的总体空间自相关性。局部 Moran I 聚类图（参照显著性图）显示了四种类型的空间格局，它们表示经济活动的分布。正相关有两种类型，High-High（HH）表示高值被高值的观测值包围，Low-Low（LL）表示低值被低值的观测值包围。负相关还表明了两个潜在的条件：Low-High（LH）是指低值的观测被高值的观测所包围，High-Low（HL）是指高值的观测被低值所包围。假设每个被检查的地方（邮政编码）创造新就业机会的概率相同，HH 和 HL 模式表示性能更高的主要地方（相对于平均水平），并且更显著地表示由共同聚集的行业集中的区域。

根据前文假设，即在不同距离范围的空间权重条件下，各产业集群显著地集中在北京地区的某些地方；从全局 Moran's I（表 5-4）来出，只有石油产业集群在所测的任何试验距离条件下都没有显示出存在显著水平上的空间自相关。局部 Moran's I 以两种形式表明了产业协同集群在空间分布上的集聚。HH 可以视作聚集度的热点，因为局部值和周围值都明显高于全局平均值。HL 表示集聚度的孤岛模式，因为高值在通过其他随机化过程与低值相隔离。

部分已识别产业集群在城市尺度的全局 Moran's I 指数　　表 5-4

产业集群类型	指标	30km	45km	60km	90km	120km
机械和金属加工（MMM）	Moran's I	0.046	0.028	0.014	0.004	−0.003
	p 值	0.010	0.006	0.010	0.008	0.087
电子信息与通信技术（ICT）	Moran's I	0.010	0.012	0.016	0.003	−0.004
	p 值	0.107	0.037	0.006	0.013	0.878
石油化工（Petroleum）	Moran's I	0.010	0	−0.002	−0.002	−0.003
	p 值	0.117	0.741	0.72	0.902	0.916
化工（Chemical）	Moran's I	0.007	0.016	0.013	−0.023	−0.006
	p 值	0.186	0.021	0.012	0.083	0.063

续表

产业集群类型	指标	30km	45km	60km	90km	120km
商业服务业（PSFB）	Moran's I	0.206	0.103	0.031	−0.009	−0.016
	p值	0.001	0.001	0.002	0.044	0.001
知识（Knowledge）	Moran's I	0.133	0.064	0.015	−0.007	−0.011
	p值	0.002	0.004	0.012	0.178	0.001

由于篇幅有限,本书仅选出重点产业集群来展示分析结果。图5-4显示,MM集群主要集中在北京市的西南象限,少量分布在北部地区。随着测试距离从30km、45km扩大到60km,MMM集群的孤岛（HL）向平谷、怀柔、密云等关键点城镇转移。结果表明,MM集群的空间界线在北部存在较低的空间相关性而在南部呈团聚扩散的趋势。ICT集群的热点位于城市的北部地区,中心位置在中关村产业园区（图5-5）,并随着构建空间权重矩阵的设定距离延长而扩展。

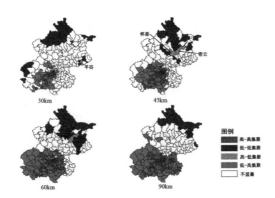

图5-4 2002年市级水平的MMM集群空间表征

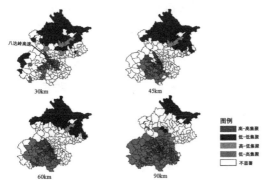

图5-5 2002年市级水平的ICT集群空间表征

图 5-6 和图 5-7 展示了石油化工产业集群主要位于燕山石化所在的地区（图 5-6）。燕山石油拥有半个多世纪的企业发展历史和拥有超过 10 万名员工的企业规模（Yang，Cai，2013）。

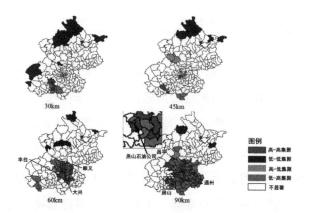

图 5-6　2002 年市级水平的石油化工产业集群空间表征

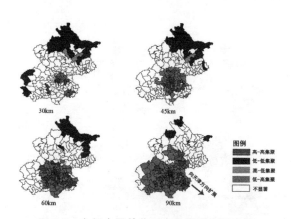

图 5-7　市级水平的化工产业集群空间表征

商业服务集群则占据了城市中心地区（图 5-8）。随着构建空间权重矩阵时的设定距离增加，商业服务就业集中度的核心区域不断扩大，县域城镇逐渐成为热点。体现出对市中心和县城中心的高度依赖关系。知识产业集群也出现了类似的空间分布模式，表明市中心和县城中心是教育和技术服务的主要场所（图 5-9）。

考虑到商业服务和知识集中分布区几乎覆盖了整个城市中心，因此研究基于 30km 的距离条件，在城市尺度下进一步探索。探索结果表明，商业服务活动在 CBD 区域和银行总部集中的金融街非常显著。知识集群的

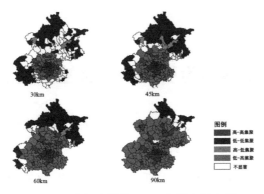

图 5-8 市级水平的 PSFG 集群空间表征

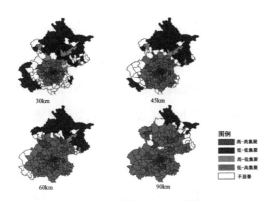

图 5-9 市级水平的 PSFG 集群空间表征

所在地主要位于市区的东北部,该地区是包括中国科学院、北京大学和清华大学等科研机构和大学的聚集地。

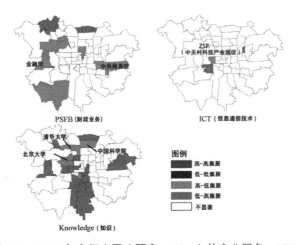

图 5-10 2002 年市级水平(距离 =30km)的商业服务、ICT、知识产业集群的空间表征

5.7 以产业集聚为引导的产业空间重构

在产业集聚影响下，城市的产业空间也在不断演进和重构，反映在产业集群结构的升级和主导产业的变化上。

集群占当地贸易活动的大部分（约占制造业的85%和服务业的90%）。这些区域集群在很大程度上通过显示行业间的联系来反映当地经济的基本结构。

考虑到集群构成（涉及的部门数量）、实际解释的方差以及经济产出的重要性（总产值的百分比），1987~2002年期间北京的主要区域集群被确定为:（1）机械制造和金属制品（MMM）;（2）石油;（3）化工制品;（4）信息和通信技术（ICT）;（5）金融、保险和房地产（FIRE）;（6）教育和科学（ES）。

这些区域集群的模式或结构为北京带来了显著的经济上的效益。应该注意的是，集群组成并不是唯一的，因为某些行业可能已被分配到多个集群。因此，这里有一些重复计算。尽管如此，经济回报似乎仍然集中在几个区域集群中。以2002年为例，主要制造业集群和关键服务业集群分别占该市经济总量的31%和60%。

20世纪90年代中期，北京经济从由制造业主导向由服务业主导转型，这种转变反映在集群的经济表现上。1992年，制造业和服务业分别占经济总产值的59%和38%，这两个数字在1997年变为47%和50%。MMM集群的经济产出份额从1987年的24%下降到2002年的10%，并且其部门数量减少，并在1997年和2002年分为两个子MMM集群：一个以钢铁加工为支柱产业，另一个以机械设备制造为主。这一变化表明，随着行业向价值链上游移动，集群趋向于更高的专业化水平。化工制造集群的贡献从1992年的7%下降到2002年的3%，这反映了化工产品的升级和市场需求的变化。石油生产集群的特征与化工集群不同，在计划经济时代，石油工业得到了政府的大力支持，成立了中国最大的石油公司之一的燕山石化公司，其在经济总产值中所占的小份额表明，20世纪90年代在市场驱动的经济体制中,石油工业经历着重组困难。ICT 集群在经济产出中的份额从 3% 大幅增加到 11%,而且随着 EFA 的变化,1987～2002 年间所有制造业产出占比从 4% 上升至 9%(图 5-11)。这反映了 ICT 集群在北京经济结构中发挥的巨大作用。

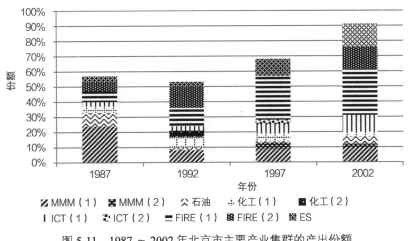

图 5-11　1987～2002 年北京市主要产业集群的产出份额

由图 5-11 还可以看出,服务业的比重增强。两个 FIRE 集群对城市经济的贡献从 1987 年的 13% 上升到 2002 年的 45%,FIRE 集群的快速增长可归因于服务业整体的多元化,以及越来越多与之相关的行业。ES 集群也出现了类似的趋势,表明在此期间服务业之间的互动日益复杂。

区域集群的发展与城市就业结构的升级密切相关,即受高等教育劳动力以及技术工种的增多。尽管专业和技术人员的比重在此期间仅增加了 8%,但在专业和技术部门中从业人员结构却出现了明显的升级。

区域集群格局的变化与城市在全球经济中的参与度有关,特别是 ICT 和 FIRE 集群的发展吸引了新的投资、公司、企业家和人才,并拥有适应当地发展的理论知识。在制造业集群中,这是通过与外国制造商的投资和合资来实现的,例如本田和奔驰在汽车工业,以及中国和欧洲在纺织服装业的合作(中国纺织服装信息商业中心,2008)。这些全球流动不再只是向内流动,可以利用大量外汇储备来支持当地企业的全球扩张。到 2015 年,中国已成为世界最大的旅游客源市场,2015 年旅游总支出为 2920 亿美元(比 2014 年增长 26%),占全球市场份额的 23.2%。

根据 ESDA 方法和功能分析的结果，按产业空间中主导产业的不同可以将城市产业发展分为两个阶段：制造业驱动的产业空间和服务业驱动的产业空间。考虑到北京市的服务业于 1995 年在就业规模和产值方面均超过了制造业（Yang and Dunford 2017），因此将 1995 年确定为转型经济背景下北京产业空间重构的分界点：

阶段 1（1995 年之前）：制造业驱动的产业空间

在 1995 年之前，北京的城市经济空间由制造业集群主导，如图 5-12 所示。作为主要制造业集群，MMM 集群集中在三环和四环之间，特别是在八达岭高速公路沿线。受 1984 年京津地区计划的影响，京津走廊成为 1988 ~ 1992 年间 MMM 集群发展的另一个主要地点。至于石油和化工制造集群，分布在主要城镇（主要是每个县城镇或北京市郊区），并在一定程度上存在地理重叠。

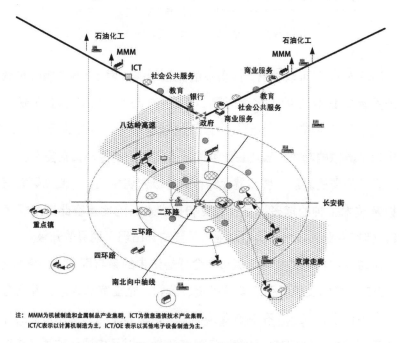

注：MMM 为机械制造和金属制品产业集群，ICT 为信息通信技术产业集群，ICT/C 表示以计算机制造为主，ICT/OE 表示以其他电子设备制造为主。

图 5-12 制造业驱动的北京城市产业空间

在此期间，服务业相关的产业集群处于起步阶段。最重要的服务业是公共行政，中央和市政府分布在二环以内的区域。在二环和三环之间，有许多学校和学术机构，由教育相关的政府机构规划和管理。该时期服务业的改革落后于制造业，医疗保障服务几乎完全由公共机构运营，家政服务和私人服务部分由私营企业提供，以服务于城市人口。这个阶段所有银行均为国有银行，总部集中在西二环附近。除了几个已形成大型购物中心的地方，如王府井和东单商圈外，大多数商业活动分散在四环。在制造业集群的集中区，一些家庭和个人服务，以及初级医疗服务都可以被看作是工作单位系统的组成部分（企业、住房、个人和家庭服务的共生共存），这是社会主义时期企业的主要形式。

阶段二（1995年以后）：服务业驱动的产业空间

服务业在1995年之后迅速发展，一些服务型商业在已有的服务业分布地区持续发展和增长（图5-13）。最典型的案例是西二环附近的银行区受益于该区域的优惠政策正式成为金融街，由于北京高端商业的发展，东三环片区发展成熟为CBD。金融街和CBD均由FIRE集群组成。同时，ES集群在城市北部的清华大学、北京大学和中国科学院各研究机构附近完成整合升级，FIRE和ES集群相对集中。另外，ICT和ES集群在空间上相邻，反映了ICT部门与科学技术发展之间的紧密联系。

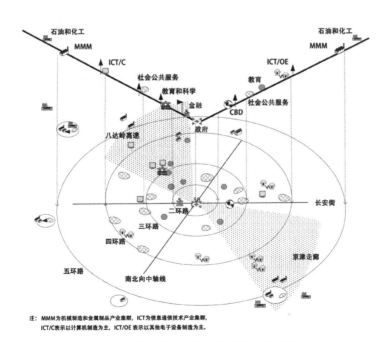

注：MMM为机械制造和金属制品产业集群，ICT为信息通信技术产业集群，ICT/C表示以计算机制造为主，ICT/OE表示以其他电子设备制造为主。

图5-13 服务业驱动的北京城市产业空间

本章内容整理自以下文献：

① Yang Z, Cai J, Ottens HFL, et al. (2013) Beijing. Cities 31: 491-506.

② Yang Z and Cheng Z. (2019) Investigating the Productivity of Industrial Parks in Beijing Using Malmquist Productivity Indexes. China: An International Journal 17: 60-81.

③ Yang Z and Dunford M. (2017) Cluster evolution and urban industrial dynamics in the transition from a planned to a socialist market economy: the case of Beijing. Spatial Economic Analysis 12: 50-71.

④ Yang Z and Dunford MJSEA. (2018) Cluster evolution and urban industrial dynamics in the transition from a planned to a socialist market economy: the case of Beijing. 12: 1-22.

⑤ Yang Z, Hao P and Cai J. (2015) Economic clusters: A bridge between economic and spatial policies in the case of Beijing. Cities 42: 171-185.

⑥ Yang Z, Liang J and Cai J. (2014) Urban economic cluster template and its dynamics of Beijing, China. Chinese Geographical Science 24: 740-750.

⑦ Yang Z, Sliuzas R, Cai J, et al. (2012) Exploring spatial evolution of economic clusters: A case study of Beijing. International Journal of Applied Earth Observations and Geoinformation 19: 252-265.

⑧ Yang Z, Song T and Chahine T. (2016) Spatial representations and policy implications of industrial co-agglomerations, a case study of Beijing. Habitat International 55: 32-45.

第6章

从产业集聚到开发区:实践中探索

6.1 产业集聚与开发区：错位或有序

产业集聚是市场机制下形成的一种空间现象，开发区是政策引导下的一种经济产物，而政策指令并不完全适应于市场规律，集聚产业在经济空间上可以形成多种地理空间，产业集聚和开发区这二者的经济和实体空间结构可能会存在错位，并由此导致经济运行的低效。

随着自由市场和经济全球化的建立，政府的政策制定开始转向利用开发区的建设带动区域经济增长。与此同时，全球产业链中的产业结构正在发生重构，产业园区成为中国发展进程中的一个新兴产物，如何让这些开发区的建设顺应市场运行规律，成了政策制定的一项重要难题。

表 6-1 反映了各个产业园区之间的对比，由于数据可得性和篇幅的限制，只有主要的集聚模式被用来检验 2002 年以前建立的开发区的经济功能是否适应于这些集聚模式。一些开发区与主要的集聚模式保持一致，例如发展 ICT 产业模式的中关村海淀园和亦庄园。这两个例子反映了市场力量和政策规划之间的关系。有些政策的出发点完全背离了开发区的产业集聚模式，例如中关村昌平园和雍和园。一些园区的主要功能并不适用于另一些，比如中关村电子产业园。表 6-1 的对比可以用来检验 2002 年及以后建立的开发区的设计规划是否顺应市场力量。

如何使政策的制定符合市场规律对于城市规划者来说是一大难题，解决政策和市场之间的错位的办法是研究产业集聚，因为它是推动城市经济增长和空间重构的首要因素。随着城市经济活动越来越多，城市规划者更应该关注城市空间结构，考虑经济活动的位置、功能、频率和空间等级。随着城市经济的动态发展，有些地方的经济活动"遇热"，有些地方"遇冷"。随着这些区域的变化，城市空间结构也会相应地发生改变。这种变化可以帮助城市规划者平衡市场势力的影响。

北京市产业园区功能和集聚模式的比较   表 6-1

产业或商业园区	级别	设立年份	主要产业 / 功能	产业集聚模式
中关村产业园	国家级			

续表

产业或商业园区	级别	设立年份	主要产业/功能	产业集聚模式
中关村电子产业园	国家级	1999	ICT制造	
中关村德胜园	国家级	2002	高新技术,金融,创新产业	ICT
中关村健翔园	国家级	2003	ICT制造,生活产业,展览	ICT
中关村海淀园	国家级	1991	ICT制造	ICT
中关村丰台园	国家级	1991	ICT制造,生物医药,高端设备,新材料	MM,ICT
中关村昌平园	国家级	1991	能源技术,生物医药	ICT
中关村亦庄园	国家级	1994	ICT制造	ICT
中关村雍和园	国家级	2006	创新产业	ICT
中关村大兴园	国家级	2002	生物医药	
中关村石景山园	国家级	2006	ICT制造,数字媒体,创新产业	MM,ICT,化工
北京开发区	国家级	1992	现实高新技术产业然后转向ICT制造,生物医药,设备制造以及汽车	MM,化工
天竺出口区	国家级	2000	ICT制造,生物医药,珠宝加工以及设备制造	
天竺机场产业区	市级	1994	ICT制造,生物医药	
通州开发区	市级	1992	新材料,医药,电信以及精细化工	
平谷开发区	市级	1992	ICT制造,电子,化工,食品以及建筑材料	MM,化工
雁栖开发区	市级	1992	食品,打包	
永乐开发区	市级	1992	ICT制造,汽车,机器,建筑材料以及仓库	化工
八达岭开发区	市级	1992	高新技术产业产品加工	
延庆开发区	市级	1992	生物医药,纺织品,服装以及食品	
顺义林河开发区	市级	1992	汽车,ICT制造,光纤以及生物医药	
金桥科技产业基地	市级	2002	环境和能源产业,ICT制造	
大兴开发区	市级	1992	生物医药,微软以及新材料	
密云开发区	市级	1992	食品,ICT制造以及汽车	

6.2 国内外促进产业集聚的主要模式

（1）市场主导型产业集聚模式

以美国硅谷产业集聚的发展模式为例。

1）概况：硅谷位于美国的加利福尼亚州，因最开始时研究和生产以硅为基础的半导体芯片而得名"硅谷"。其产业集聚是以市场集聚为导向而形成的，不像政府导向的产业集聚，有一个准确的产业集聚区成立时间。市场主导型产业集聚也没有一个明确的地理和面积概念。在20世纪50年代，国防市场需求强大的背景下，晶体管的发明人肖克利创办了硅谷的第一家半导体公司，拉开了硅谷发展的序幕。

硅谷在2008年，人均国内生产总值已经超过8万美元，为全美最高的地区，以不到1%的人口创造了全美国5%的地区生产总值。拥有惠普、英特尔、苹果、微软等全球领先的大型企业，也有约3000家员工人数在1000人以下的小企业。这些小公司之间的相互合作和优势互补是硅谷创新的动力源泉，促进了区域间企业的交流合作和相互学习。该产业集群拥有大量的全球领先技术，包括从最开始的半导体技术到现在的网络信息技术与生物技术等高端技术。

2）特点：集聚的企业以大量中小企业为主；企业间合作和互补的产业体系；分权式的企业组织结构；平等开放的区域文化；风险资本发挥重要作用。

以我国温州产业集聚的发展模式为例。

温州特色产业群，即在温州地区，以家庭生产和专业市场为特征的，满足市场多样性需求，以各种灵活多变的方式应运而生的产业集群。

温州经济技术开发区于1992年由国务院批复设立，原规划面积5.11km^2，是温州市唯一的国家级开发区，现处省级产业集聚区——温州市厦江口产业集聚区的重点规划区、温州海洋经济发展示范区的核心地带，同时也处在温州状元岙国际港口、甬台温铁路、环温高速复线、城市轻轨S2线、温州龙湾国际机场等海陆空交通的重要枢纽。距龙湾国际机场只有7km,，区位优势十分明显。2013年初，经过最新一轮开发区整合提升后，已建成的区域面积为75.23km^2。辖状蒲园区、滨海园区、金海园区（丁山垦区和天成区），委托管理星海、海城、沙城和天河4个街道，及瑞安园区、塘下园区和瓯飞滩围垦。

温州经济技术开发区作为温州唯一的国家级开发区，是温州制造业的集聚区、招商引资的重要窗口和产业升级的前沿阵地。建区二十多年来，以发展工业、出口创汇和推进民营企业的发展壮大为主，致力于发展先进制造业和战略性新兴产业，已成为浙江省南部区域重要的民营经济和高新技术产业聚集区。逐步形成了由都市型服务业、传统加工制造业、现代制造业、高新技术研发等组成的产业梯度布局框架。其中已建成的75.23km^2

区域，2012年实现工业总产值1043.25亿元、工业增加值为245.4亿元、第三产业增加值为114.51亿元、财政收入72.57亿元、出口总额为37.62亿美元、实际利用外费0.77亿美元、高新技术企业总产值33095亿元、拥有工业企业2500多家（规模以上：企业411家）、累计引进外管项目340个、合同外资10.2亿美元、实际利用外资5.84亿美元、出口8.7亿美元，2011年在全省国家级开发区综合考评中列第五位。

（2）政府扶植型产业集聚模式

以日本筑波科学城产业集聚的发展模式为例。

1）概况：20世纪60年代，筑波科学城在政府的规划下在东京北部的筑波建立，总面积284km^2。筑波科学城一开始的建筑目的是为了缓解首都的城市压力，并通过科技教育强国。筑波城由国家研究所、私人研究所和大学等多家高校以及科研机构组成，其中国立高校和科研机构达到46家，私营的高校和科研机构超300家，研究人员1.3万余人。

日本筑波科学城1963年开始建设，至今已经50余年。科学城坐落在离日本东京东北约60km的筑波山麓，距东京成田国际机场约40km，总面积284.07km^2，由茨城县筑波町、大穗町、丰里町、谷田部町、樱村町和茎崎町6村町组成。截至2016年年底，人口约20万，拥有31个国立科研机构、300余个民间科研机构和企业等。筑波科学城内建有筑波大学，政府部门积极促进大学与产业之间、科学城内各研究机构之间的相互合作与有机联系，从而使筑波成为一个综合的研究城市，同时筑波大学也为各个研究机构输送了大量优秀后备人才。经过多年发展，筑波的研究成果产出持续涌现，目前筑波已拥有6位诺贝尔物理学、化学奖得主。

2001年4月，由于独立行政法人的重组再编，日本国有研究教育机关等由45所变为33所。2001年起，日本政府相继实施"产业集群计划"和"知识集群计划"，筑波科学城迎来了一次快速发展的契机。"产业集群计划"主要由经济产业省负责实施，旨在营造良好的区域环境条件，推进大规模、不间断的创新，支持创新企业和具有潜在国际竞争力的中小企业快速成长，形成产业集群。2002年，作为补充，日本政府开始实施"知识集群计划"，主要由文部科学省负责，根据各地的区域规划，由当地富有潜力并具有自己研发主题的高校和其他机构形成集群，实现研究成果和实际利用相结合。在集群计划中，筑波地区作为生物技术和环境技术的发展基地，在迁入或设立的理化学研究所筑波研究所（生命科学）、农业生物资源研究所、农业环境技术研究所、森林综合研究所等研究机构的基础上，发展生命和环境产业，取得了一定成果。

2）特点：政府主导建立，资金的主要来源包括地方公开团体、企业财团和政府。

以我国中关村产业集聚的发展模式为例。

中关村国家自主创新示范区于1988年5月建立，由国务院批准设立，是我国第一个国家级的高新技术产业开发区。其采用政府扶植的产业集聚模式，以大学、科研机构为原动力，是典型的高新企业集聚区。发展到现在，中关村已经聚集了高新技术企业近2万家，产业集群已覆盖到电子信息、航天航空等尖端领域。2012年实现总收入2.5万亿元，高新技术企业增加值超过3600亿元，占北京市国内生产总值的比重达到20%。

从创园初期到现在，其经济规模呈现高速增长趋势。1991~2016年，中关村企业营业收入从37亿元增加到46048亿元，年均增长33%。1993~2016年，营业收入年均增长高达50.1%，比北京市经济同比增速高10.8个百分点。中关村增加值占北京市增加值的份额从1993年的3.3%跃升到2016年的24.4%。中关村其他指标也呈现高速增长趋势，其中，企业数量年均增长11.4%，工业增加值年均增长30.8%，利润年均增长32.2%，税费年均增长34.1%，出口年均增长28.4%，就业年均增长19.2%，研发投入年均增长17.1%。中关村自创区的经济增长呈现阶段性特征。在2000年以前，即"一次创业"时期，中关村通过依靠土地、资本等要素投入以及招商引资实现了超高速增长。营业收入和增加值年均增长高达50.1%和41.2%，劳动生产率对经济增长的贡献率为33.9%。2001年至今是中关村的"二次创业"时期。相比于"一次创业"时期，中关村开始向依靠技术创新驱动的发展模式转变，努力优化创业创新环境，培育特色产业、主导产业，改善高新区管委会管理体制等软环境。产业规模扩张速度有所放缓，但创新驱动发展能力有所增强。营业收入和增加值分别年均增长23.2%和20.3%，比"一次创业"时期分别降低了26.9和20.9个百分点，但劳动生产率对经济增长的贡献率从33.9%小幅上升到

35.8%，利润率从 6.5% 上升到 7.2%。

（3）计划型产业集聚模式

作为计划经济的产物，计划型集聚模式主导的开发区现已不多见，也不是学术界研究的主要对象，主要是以计划经济时期围绕一些国有大中型企业而形成的集聚模式。如国外苏联时期的一些产业集聚区，在我国改革开放前的 20 世纪 50 年代、60～70 年代甚至于 80 年代的大型企业集聚区。

苏联和我国改革开放前产业集聚的模式大都属于该类型。在公有制条件下，社会主义国家可以通过中央计划经济的力量，迅速转移和调配资源，扶植重点产业，迅速形成独特的产业群。苏联的地域生产综合体、20 世纪 60 年代我国的三线建设都是这种集聚模式下的产物。

以苏联地域生产综合体为例。

地域生产综合体在苏联的经济建设中，特别是在新区开发中得到了普遍应用，而且获得了较好的社会经济效果。地域生产综合体就是根据某一地区特有的自然、经济和社会条件，把专门化部门与为其服务的综合性部门、基础设施结合起来的一种地区综合开发形式，是生产力的一种空间组织形态。

在苏联西伯利亚和远东地区，综合体分布得最为广泛，规模也较大，而且一些综合体往往在地域上比较接近，具有某种有机联系，共同组成一个统一的综合体体系。例如西伯利亚平原综合体体系，其主要是围绕秋明油田的开发而建立起来的，它的主要发展方向是建立全苏联最大的燃料基地，并在此基础上发展石油化学工业。与此同时，利用本地区极为丰富的森林资源也发展了森林采伐和木材加工工业。再如安加拉—叶尼塞地域生产综合体体系，它利用当地丰富的矿产资源和水力资源建立了全苏联巨大的燃料动力中心和耗电量大的生产部门，如有色冶金、化学、制浆造纸、机器制造等。这一综合体体系的建立，对苏联整个东部地区，特别是东西伯利亚经济的发展具有极为重要的意义。20 世纪 70 年代末，全苏联水力发电的 40%、电解铝的 50%～60% 都是由这里提供的。

由于计划经济的刚性和条块分割的影响，这样集聚设想与经济建设的实际情况是不符的，最终导致产业结构的种种矛盾（表 6-2）。

三种产业集聚模式对比　　　　　　　　　　　　　表 6-2

	市场主导型产业集聚模式	政府扶持型产业集聚模式	计划型产业集聚模式
市场机制	完善，主要依靠市场与产业互动	不成熟，市场自动选择的长期性	完全忽略，微观主体没有集聚的动力
政府作用	间接性、辅助性	直接性，以经济力量的身份发挥作用	完全依赖，以行政力量的面目出现
缺陷	产业集聚区竞争优势差距明显、层次性强	产业集聚区发展过程中政府和市场作用不协调	产业集聚区和经济建设的实际情况不符
产业集聚区的类型	几乎涵盖了所有类型的产业集聚区	提升国际竞争优势的关键性、主导性产业聚集区	主要是具有政治性、战略性的产业集聚区
典型国家	欧美等市场经济发达的国家，如：美国、德国、意大利等	经济后发展国家和地区，如：日本、韩国、印度等	计划经济体制下的国家，如：苏联、改革开放以前的中国

6.3 产业集聚对开发区发展的影响因素

开发区是产业集聚发展壮大的重要载体，产业集聚是开发区进一步发展的必然方向，开发区的健康发展必须建立在产业集聚的基础之上。产业集聚对开发区的影响主要表现在以下几个方面。

1. 宏观环境因素

（1）国际产业转移

国际产业转移因素也是引起产业集聚的主要动因。进入 21 世纪，我国在国际分工中的地位进一步提高，拥有承接发达国家产业转移的基础和实力的开发区成为我国工业经济发展的前沿阵地。

（2）国内经济调整

"十二五"期间，我国经济发展战略的调整使开发区获得更多的支持和更大程度的开放。未来的经济调整中，融资、税收、投资的领域等方面的调整力度将会更大，开发区及区内企业必将获得更多的资金、技术、基础设施、配套服务等支持，民营企业进入特定行业的渠道将拓宽，外资企业的准入门槛也将降低，更多的工业企业和其发展所需要的要素越来越向工业园区集聚。并且产业集聚也有利于开发区利用外资，加深开发区的对外开放程度，提升开发区的市场竞争优势，促使开发区更注重培养自主创新能力，也为把区内更多产业融入全球价值链体系而创造条件，而这一过程正是实现产业集聚质的飞跃的过程。

2. 客观环境因素

（1）硬环境

开发区的硬环境主要包括区内的各种资源、基础设施、物业环境等，具体来说是指水、电、气、路、通信和土地等要素条件。拥有一定水平的硬环境，是开发区发展初期吸引企业或企业项目落户的主要原因，也是开发区产业集群形成的基础。开发区发展到一定阶段，随着产业集群规模的扩大和程度的加深，企业对开发区硬环境的要求也会日益提高，开发区硬环境的优劣也成为促进或制约产业集聚发展程度的一个很重要的因素。

（2）软环境

开发区的软环境包括除硬环境外的所有环境，具体来说主要是指从政策、人才、技术、资金、物流、服务、信息等方面构建开发区发展的经济平台。开发区要为开发区内的产业、企业和企业员工提供配套服务，政府要提供高效、便捷、全面的行政服务。

（3）市场因素

企业在激烈的市场竞争中，都试图实现成本最低化和提高生产效率，而产业集聚发展正是一条极具诱惑力的发展道路。开发区内的企业形成某一个或几个产业的集聚，不管是横向的同类企业的集聚还是纵向的产业链的集聚，都可以实现资源的高效利用，从而提高企业的生产效率，进而提高开发区的核心竞争力。因此，市场因素下，产业集聚有助于开发区的进一步发展。

3. 政府因素

（1）基础设施建设力度

开发区的发展过程中，尤其是初期，基础设施的建设大部分甚至全部都要依靠政府的投入。随着开发区的发展和产业集聚的加深，对开发区的基础设施提出了更高的要求，这就要求政府加大投入，促使开发区的基础设施更加完备。

（2）提供公共服务程度

一是为企业本身提供的各种公共服务，二是为企业员工提供的各种公共服务。

4. 产业自身因素

（1）创新能力

企业创新是开发区进一步发展的源泉和动力，创新对开发区产业集聚的作用非常重要。企业的创新能力包括企业拥有的将创新转化为生产力的物质条件和技术水平、企业对于创新人才的培养以及制度文化对其的促进作用。产业集聚条件下，产业集群内的不同企业之间通过这些创新知识形成的联系，通过知识的传播、交流与学习，实现了知识的扩散，对新知识的生成有促进作用，并最终促进开发区产业集群的发展。

（2）产业实力

产业集群的无序建设也引起资源的低效利用、人口和空间关系紧张等负面效果。目前我国大量劳动力密集型产业开始逐渐向中西部内陆地区梯度转移，沿海地区则基本形成以先进装备制造业、战略性新兴产业等为主导产业的产业集群。随着产业类型的转变以及产业本身实力的增强，形成累积效应，促进开发区产业集群的发展。

（3）人才因素

人才的培养，以及由人才创造的创新技术优势是企业赢得市场竞争、实现高速发展的关键。企业的创新能力如何壮大直至影响整个开发区群体，是需要提供一种促进创新的氛围，建立一种效益和公平并重、既提倡竞争又提倡协作的体制，人才在其中扮演着重要的角色。培养产业发展所需的人才，创造更多科学技术，还需要建设更多的院校与科研机构；也要通过优惠政策、创新的制度建设为企业提供良好的外部条件，培养具有创新思想、超高能力的行业领军者，鼓励重奖有突破性的技术创新和科研成果，形成保护创新成果、爱护创新人才的良好氛围。

第7章

产业集聚、开发区建设中的城市发展

产业集聚、开发区的建设不仅对城市产业空间有着重要影响，从城市的宏观发展战略来看，从经济、社会的角度，它对城市的整体发展也起到了极大的推动作用。从我国城市的发展现状来看，产业集群对城市和区域的资源分布、住宅和就业以及随之的交通布局、环境和能源消耗产生了重要影响。在一定程度上，产业集群的无序建设也引起了资源、人口和空间关系的紧张等负面效果。

7.1 产业集聚对城市经济的影响机制[1][2]

1. 产业集聚通过规模效应和溢出效应影响城市经济增长

产业集聚通过规模效益及外部效应提高经济增长效率与加快技术创新，形成城市经济增长新动力，从而驱动城市经济高质量发展，并将优势辐射至周边地区，促进城市拓展。

一方面，产业集聚在形成过程中会产生对中间产品的巨大需求，吸引新的厂商、外资、劳动力不断进入，扩大城市规模，集聚区内的企业可以共享劳动力、基础设施等资源，从而降低生产与交易成本，促进劳动生产率的提高，充分发挥集聚区内劳动力与资本的使用效率，从而提高劳动力与资本生产效率，逐步提高经济增长效率，扩大城市规模和运作效率。

2003 年，国家级高新技术产业区有 53 个，占地 651.2km^2，不亚于一个地级市的面积，主要经济技术指标，如工业增加值等年增长率超过 50%。

另一方面，产业集聚加速知识集聚和移除，提高技术传播速度，技术外部性效应能够促进技术在企业之间流动扩散，从而吸收并提高创新能力，同时产业集聚为高技能劳动力与专业技术人才在不同企业间流动提供了便捷有效的通道，节约企业对劳动力的培训成本，提高集聚的创新效率和资

---

[1] Yang Z, Cai J, Ottens HFL, et al. (2013) Beijing. Cities 31: 491-506.
[2] Yang Z, Liang J and Cai J. (2014) Urban economic cluster template and its dynamics of Beijing, China. Chinese Geographical Science 24: 740-750.

源整合效率，有效促进城市经济规模发展。

以北京为例，产业集聚既兼顾地理空间和经济活动的相互作用，还兼顾国家计划和自由市场的双重影响。在北京，政府以发展经济技术开发区的形式，开发运营特色产业园区，通过强化基础设施，实行优惠税收等财务激励措施，提供土地政策支持，从而吸引企业入驻。北京主要的开发区已经成为助推北京经济发展的重要组成部分。产业园区包括1988年建立的国家高新区中关村产业园区，以及1994～2006年建立的其他8个园区，主要有以电子信息、装备制造、生物工程和医药、汽车及交通设备为四大主导产业的北京经济技术开发区；以汽车生产和空港物流为主导产业的天竺空港工业开发区；以及大兴生物医药产业基地，这三个产业园区加上东三环沿线的中央商务区和西二环和西三环之间的金融街，构成了城市的主要功能区域（图7-1）。

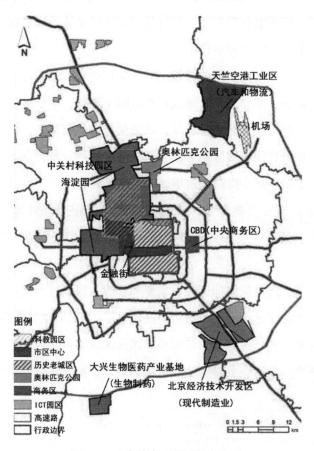

图7-1 北京的产业园区和商务区

北京产业集聚的溢出效应为城市的经济增长做出了巨大贡献。北京著名的两个园区——技术创新的中关村产业园区以及装备制造的北京经济技术开发区，在推动北京经济发展方面取得了巨大成功。一般来讲，经济技术开发区的经济利益可以通过产业园的总产值（PGDP）及其在城市总产值的比重来计算。产业园区总产值等于在园区工作的劳动力工资，加上折旧后的固定资产投资，再加上所征收的税款以及从园区获得的利润之和。图 7-2 显示利润增长非常迅速，以现值计算，2003～2013 年期间的复合年增长率高达 25%。由于在 2003 年之前没有统计数据，因此只计算了 2003～2013 年产业园区总产值（PGDP）。图 7-3 表明，2013 年 PGDP 达到人民币 6965 亿元，是 2003 年的 9 倍。产业园区的增长对北京经济的贡献率从 2003 年的 15% 增长到 2013 年的 35%。

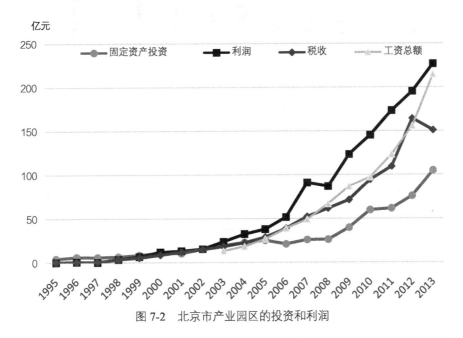

图 7-2　北京市产业园区的投资和利润

如表 7-1 所示，产业园区已成为城市制造业增长的新引擎。在 2005～2013 年期间，所有开发区的工业产值约占全市工业总产值的一半，贡献了大约 20% 的市政税，价值在 2010～2013 年间翻了一番。产业园区也已成为外国直接投资的主要目的地，在 2010～2013 年期间，产业园区吸引了北京外国直接投资总额的四分之一。就业人数在全市范围内的比例从 2010 年的 8% 增加到 2010 年的 11% 和 2013 年的 17%。

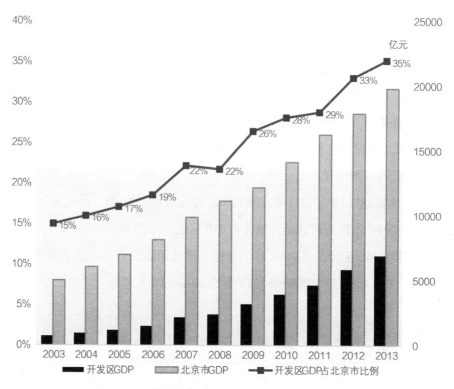

图 7-3 北京市产业园区生产总值占北京市的比重

北京产业园区的主要情况　　　　　　　　　表 7-1

	2005			2010			2013			产业园增长	
	产业园	所属区	占所属区的百分比	产业园	所属区	占所属区的百分比	产业园	所属区	占自治市的百分比	复合增长率2005～2010年	复合增长率2010～2013年
累计项目投资(人民币,百万元)	536.8	空		825.5	空		1385.57	空		9%	19%
工业总产值(人民币,亿元)	374.8	719.1	52%	617	1398	44%	897.5	1737.1	52%	10%	13%
累计外国直接投资(亿美元)	8.1	35.2	23%	16.9	63.6	27%	22.56	85.2	26%	16%	10%
税收(人民币,百万元)	22.6	100.7	22%	71.3	381.1	19%	161.38	747.1	22%	26%	31%
就业(人民币,亿元)	688	9197	8%	1158	10316	11%	1899	10316	17%	11%	18%

经济技术开发区为北京成为世界城市做出了巨大贡献。在 2013 年，中关村产业园的出口总值达到 336 亿美元，是 2000 年的近 2 倍，占 2013 年北京总出口的 53.2%。出口主要目的地包括欧洲（41%）、美国（16.6%）、

中国香港、澳门以及中国台湾地区（8.7%）（图7-4）。在北京，外国投资也占有相当大的比例。在2013年，外资控股公司共有1622家，占中原股份制企业总数的10.5%，占工业总产值的43.2%。同时，2013年有10699名外国人在中关村产业园工作，比2005年增加了4倍。

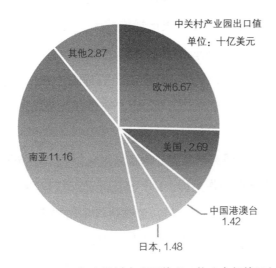

图7-4　2013年中关村产业园的出口值（十亿美元）

2. 产业集聚通过促进劳动力快速流动优化城市经济增长结构

产业集聚主要通过劳动力流动影响经济二元结构、消费结构、投资结构与产业结构等，从而影响经济增长结构。首先，制造业集聚能加快农业劳动力向非农劳动力转换，改变经济二元结构的同时也加快了城镇化进程，提高了劳动力收入水平。收入水平的提高在一定程度上也增加了对消费性与公共性服务业的需求，改善了居民消费结构。其次，制造业集聚在一定程度上也增加了对生产性服务业作为中间产品的需求，促进制造业发展水平与质量的提高，制造业集聚水平的提高也需要配套的基础设施、金融、咨询、科技研发等服务，这时集聚区内软环境不断提升，对投资的吸引力不断增强，将会吸引新一轮的制造业与服务业企业进驻，在制造业与服务业相互推动与共同作用下，产业结构逐渐向高级化与合理化转变。

集聚经济对制造业劳动生产率影响的实证研究也围绕着城市化经济和地方化经济而展开，Shefer运用美国SMSAs（标准大都市区统计）的制造业横截面数据，着重对城市化经济进行研究，结果显示，城市规模扩大一倍，制造业的劳动生产率将会提高14%~27%。

Sveikauskas的研究则认为城市规模扩大一倍，制造业劳动生产率仅会提高6%~7%，后来Segal、Fogarty、Garofalo及Moomaw的研究分别认为城市人口规模加倍，制造业劳动生产率将提高8%、10%及2.7%。总体来看，一般认为在城市人口规模提高一倍的情况下，劳动生产率提高在3%~8%。

另外一些学者的研究则侧重于比较城市化经济和地方化经济在提高城市制造业劳动生产率中作用的大小。Nakamura对日本制造业集聚的研究认为制造业的行业规模扩大一倍，劳动生产率将提高4.5%，而城市人口规模扩大一倍，劳动生产率将提高3.4%。Henderson研究了美国和巴西的情况，发现城市化经济对劳动生产率几乎没有影响，地方化经济的影响略大但也不显著。Ciccone和Hall对美国和欧洲的制造业劳动生产率的研究中显示，地方化经济远远超过城市化经济的影响。

国内也有学者针对中国城市集聚经济规律进行的实证研究。潘佐红和张帆的研究结果显示，在中国城市规模每翻一番，生产率就增加8.6%。吉昱华等的研究结果认为，在中国266个城市中，工业部门作为一个整体并不存在明显的集聚效益，但二、三产业作为一个整体则存在显著的集聚效应。冯云廷以我国浙江省的部分小城镇为例的研究中提出，中国城市普遍存在着显著的集聚经济效应，但集聚优势主要来源于同一产业企业在地域上的集中所带来的地方化经济效应，而不是城市本身发展所产生的城市化经济效应。

3. 产业集聚通过优化资源整合效率提高城市经济增长稳定性

产业集聚能够降低经济风险，增强经济增长的稳定性。企业在一定范围内集聚，依据产业链进行分工合作，提升区域创新能力，降低了原材料以及运输成本，促进了区域经济发展，降低了外界不确定性风险，缓解了外部冲击对经济增长的影响。

同时区域内产业集聚会产生劳动力池效应，吸引大量的劳动力到园区内就业，在一定程度上能够提升劳动力匹配效率，降低失业率，缩短就业搜寻时间，从而降低就业的不确定性（Helsley and Strange，1991），而且当遭遇外界不确定性的风险时，反而能倒逼产业集聚内企业进行技术创新以及调整管理效率，提升企业竞争力，从而抵抗政策调整、市场风险、技术变革等带来的波动风险，提高经济增长的稳定性。

4. 产业集聚通过完全竞争有效提升生产福利与成果分配效率

在福利水平提升方面，随着产业集聚水平的提高，区域内企业间竞争更加激烈，为了吸引高技能劳动力加入，企业不得不支付较高工资，劳动力收入水平提高，而且产业集聚内因支付了较高的工资反而会吸引更多的高技能劳动力的加入，如此循环往复，区域内平均可支配收入就会显著提高（Behrens、Duranton、Robertnicoud，2014；Combes et al.，2012；Puga，2017），同时产业集聚的外部效应还能使劳动者提高劳动生产率，从而获取更高的劳动报酬（李晓萍等，2015），提升福利水平。在成果分配方面，作为区域经济增长极，产业集聚发展到一定阶段将会逐步向高端产业集聚转变，高端产业集聚的发展将会使城市治理能力、基础设施建设、服务体系建立以及包容发展下的福利分配更加完善，现阶段所面临的养老问题、教育资源不均衡、农民工市民化以及收入分化问题将会逐步得到缓解（杨仁发、李娜娜，2016）。

7.2　开发区运行效率评价

本节运用两种 DEA 方法：窗口 DEA 法和 MPI 法来评估北京开发区的

运行效率和生产力。

窗口分析提供了一种检查 DEA 效率的跨时间方法（Tulkens、Eeckaut，2006）。在这项研究中，在 2005～2012 年期间对 24 个工业园区（$n=24$）进行了分析，窗口宽度为 3 年。与传统的面板数据分析方法相比，窗口分析更适合于在窗口宽度内去比较观察结果；在这项研究中，时间跨度是 3 年。因此，窗口分析是一种测量效率趋势并自发检查指定窗口和窗口内效率评估的稳定性和其他属性的方法。

使用移动平均模拟，可以用两种不同的方式解释 DEA 窗口分析得分（附录 1）。首先，"列视图"表示针对不同窗口测量的给定年份中工业园区的效率得分以及跨不同数据集的效率的稳定性，从而说明改变用于生成边界的 DMU 的影响。例如，在 2005～2007 年窗口中，BDA 的效率得分在 2005 年为 0.25，在 2006 年为 0.31，在 2007 年与同一窗口中的其他 DMU（这些年份的工业园区）相比为 1.31。其次，"行视图"显示了同一窗口内的效率分数以及行业效率从一年到另一年的变化情况，可以用来检查园区的效率趋势。例如，通过移动窗口 2007 年 BDA 的效率从 2005 年的 1.31 变为 2006 年的 1.14 和 2007 年的 1.1。

为了理解长期有效性，所有时期各个园区的总效率的平均值都是通过得分总和除以所用窗口的数量来计算的。可以通过值域来分析替代方案在不同时期的稳定性，所谓值域即在所有窗口中替代方案的最大和最小效率值之间的取值范围。表 7-2 显示了工业园区每年的平均效率得分以及 2005～2012 年的总体平均效率，它提供了在此期间工业园区效率的相对排名。

2005～2012 年间园区整体效率的平均值　　　　表 7-2

开发区	2005	2006	2007	2008	2009	2010	2011	2012	平均值	排名
中关村石景山园	—	1.06	2.34	1.64	1.12	1.32	1.14	2.82	1.63	1
中关村电子产业园	—	—	1.09	1.48	0.87	0.73	0.89	2.20	1.21	2
中关村海淀园	0.69	1.54	1.22	0.99	1.12	0.77	1.37	1.12	1.10	3
石龙开发区	1.02	1.32	1.11	1.10	0.21	0.10	0.98	0.21	0.76	4
林河开发区	1.53	0.78	0.58	1.08	0.20	0.11	0.19	0.15	0.58	5
天竺保税区	0.00	1.16	0.39	1.13	0.01	1.53	0.11	0.04	0.55	6
北京开发区	0.25	0.35	1.18	0.67	0.61	0.83	0.24	0.10	0.53	7
中关村昌平园	0.36	0.59	1.08	0.63	0.42	0.47	0.46	0.19	0.52	8

续表

开发区	2005	2006	2007	2008	2009	2010	2011	2012	平均值	排名
中关村德胜园	0.09	0.08	0.07	0.19	0.28	0.34	0.76	2.03	0.48	9
中关村丰台园	0.28	0.45	0.46	0.43	0.95	0.39	0.61	0.19	0.47	10
中关村雍和园	—	0.00	0.00	1.17	1.20	0.18	0.36	0.37	0.47	11
良乡开发区	0.42	1.28	0.99	0.20	0.19	0.16	0.11	0.08	0.43	12
大兴开发区	0.42	0.13	0.07	0.03	0.41	1.25	0.31	0.33	0.37	13
延庆开发区	—	0.00	0.00	0.00	0.11	0.79	1.51	0.04	0.35	14
兴谷开发区	0.21	0.24	0.23	0.19	0.46	0.36	0.31	0.25	0.28	15
马坊开发区	—	0.07	0.38	0.68	0.00	0.42	0.06	0.00	0.23	16
天竺机场开发区	0.04	0.26	0.42	0.38	0.22	0.19	0.14	0.09	0.22	17
八达岭开发区	—	—	0.00	0.08	0.15	0.18	0.18	0.26	0.14	18
中关村大兴园	—	0.01	0.23	0.11	0.15	0.14	0.19	0.13	0.14	19
雁栖开发区	0.16	0.11	0.16	0.17	0.13	0.09	0.10	0.07	0.12	20
密云开发区	0.01	0.03	0.12	0.03	0.14	0.11	0.07	0.06	0.07	21
采育开发区	0.21	0.10	0.06	0.04	0.01	0.00	0.02	0.00	0.06	22
通州开发区	0.06	0.06	0.06	0.05	0.05	0.03	0.04	0.03	0.05	23
房山开发区	—	0.00	0.00	0.00	0.00	0.00	0.03	0.05	0.01	24

使用 MPI,可以检验 2005～2012 年间北京 24 个工业园区的生产力,该分析提供了工业园区发展中 I-O 的另一个重要观点。首先,它衡量这一时期 TFP 的变化;其次,它检查了生产力变化的来源。MPI 首先被分解为两个因素:效率变化(EC)或"追赶"效应,技术变化(TC)或"前沿转移"效应(Fare, Grosskopf and Zhang)。在考虑了规模效应后,它进一步分解为净 EC(PEC)、EC(SEC)的规模效应、净 TC(PTC)和 TC(STC)的规模偏差(Zofio, 2007)。利用 DEA 方法,可以计算出这些指标的平均值,其表明在此期间产业园区的前沿功能以及技术效率和规模效应对园区生产率变化的影响。每个时期每个公园的详细信息见附录 2 和附录 3。

窗口分析提供了关于工业园区运营期间效率的一个实证结果。表 7-2 概述了 2005～2012 年期间园区的整体效率和排名。虽然所有国家级产业园区,包括 BDA、天竺保税和所有 ZGS 公园在整体平均效率方面排在前 10 位(ZGC 丰台园和 ZGC 永和园排名第 10 位),但包括一些市级产业园区在内,包括石龙和临河经济技术开发区的表现优于天竺保税区、

BDA，以及 ZGC 的昌平、德胜、丰台和永和子园区。这两个市级园区在运营期间管理 I-O 关系方面表现良好。

为了分析这一点，我们计算了企业和政府的经济回报。第一种是通过固定资产投资，土地实施和项目投资的利润率来衡量，而后者则是通过税收与固定资产投资，土地实施和项目投资的比率来计算。附录 1 提供了每个时期每个公园的这些数据的详细信息。相关分析表明，效率与企业和政府的经济回报之间存在很强的关系（表 7-3）。较高的投入是导致相对较低性能的主要原因。例如，2005 年 BDA、石龙和临河的平均效率分别为 0.25、1.02 和 1.53，而当年 BDA 的土地面积为 3008hm^2，是石龙（133hm^2）的 27 倍，也远远大于临河（157hm^2）。对于 2005 年的 BDA，实施土地的利润、固定资产投资和项目投资的比例为每公顷 280 万元、固定资产投资 686 元、项目投资 949 万元。对于临河，这些数字为每公顷 1060 万元，每单位项目投资人民币 5574 元，以及每 1000 元人民币项目投资 205 元人民币。

开发区效率得分与企业和政府的经济回报之间的关系　　　　表 7-3

	利润/土地	利润/固定资产投资	利润/项目投资	税收/土地	税收/固定资产投资	税收/项目投资
利润/土地	1	.500**	.412**	.847**	.323**	.440**
利润/固定资产投资	.500**	1	.515**	.342**	.749**	.303**
利润/项目投资	.412**	.515**	1	.279**	.169*	.632**
税收/土地	.847**	.342**	.279**	1	.309**	.603**
税收/固定资产投资	.323**	.749**	.169*	.309**	1	.153*
税收/项目投资	.440**	.303**	.632**	.603**	.153*	1

注：** 表示显著性为 0.05，* 表示显著性为 0.1。

就整体效率而言（表 7-2），只有中关村石景山园、中关村电子科技园和中关村海淀园总体上是高效的，并且在 2005～2012 年期间，三分之二的公园的效率得分低于 0.5。表现最差的公园包括密云经济技术开发区、采育经济技术开发区、通州经济技术开发区和房山经济技术开发区，效率得分低于 0.1。这些公园位于北京郊区，拥有大量土地，但在市场潜力和位置方面缺乏优势，这些公园应该注意其投入产出比。

图 7-5 显示了 2004～2013 年期间十大产业园区效率得分的变化，这

可能是由于这些公园的不断扩大和投资,也反映了北京市24个园区之间的激烈竞争。其中中关村海淀园的得分最稳定,它是中关村最早建立起来的主要园区,并且在输入使用方面始终保持着高效率。中关村德胜园位于市中心的黄金地段,其效率保持着快速增长,从2005年的0.09增加到2012年的2.03。波动幅度最大的园区包括天竺综合保税区,它受全球市场变化的进出口影响。中关村石景山园成立于2006年,与其他公园相比建立的年限较短。值得注意的是,除了德胜园、石景山园和电子产业园外,其他所有园区的效率都在2012年有所下降,这意味着生产受到全球金融危机的影响。这是在提醒政策制定者和园区管理者在建立园区时要正确利用土地供应、固定资产投资和项目投资。

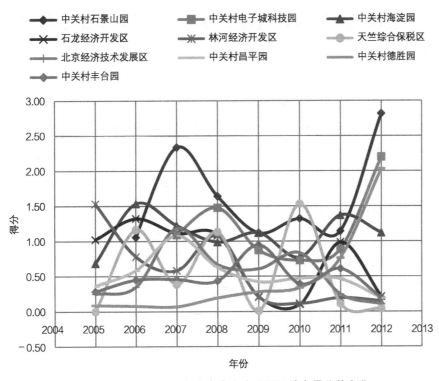

图 7-5　2004～2013 年北京十大产业园区效率得分的变化

大多数产业园区效率低下(24个园区中有19个的效率得分低于1),但在2005～2012年期间有16个园区生产力有所提升。此外,在此期间,北京工业园区的持续扩张和投资增加导致了效率的巨大变化,并且它们之间存在着激烈的竞争。从2005～2012年,他们的整体生产率提高了

12%，这证明产业园区的发展是提升北京经济竞争力的有力策略。MPI 的分解表明所有公园都保持着技术进步（$TC > 1$），但有些公园的技术效率低于1，这意味着"追赶"效应不能很好地发挥作用。此外，规模效应（24个园区中有19个的 $RTC > 1$）表明大多数公园可以通过扩大规模来提高生产率，并且从 TC（$STC > 1$）的角度来看这种方法效果很好。在大部分产业园区效率低下但生产力有所提高的情况下，北京的政策制定者和园区管理者应当更加关注园区的投资和土地投入情况。

7.3 产业集聚和开发区对城市的影响

1. 产业协同集聚可以通过提高地区专业化分工改善资本错配

在城市经济集聚过程中，知识创造的匹配机制促进了城市专业化分工，使得附加值高的产业向中心城市集聚，提高了生产性服务业的专业化水平，而制造业企业或生产部门向中小城市迁移，即形成中心城市和中小城市之间的地区专业化（赵勇、齐讴歌，2012）。产业协同集聚引起金融生产性服务业专业化分工程度不断加深，促进了金融机构效率的提升（Svaleryd、Vlachos，2005）。而金融机构效率的提高能够降低信息和交易费用，将资金配置到收益率高的投资项目，能够扩大生产规模，促进企业技术变革，进而提高资本市场的配置效率。因此，产业协同集聚越高，则越有利于促进金融业的专业化分工，从而改善资本错配。

2. 产业协同集聚可以通过提高劳动力成本改善劳动力的错配程度

产业协同集聚形成的前向与后向关联可以通过市场邻近、劳动力共享和中间投入品关联等多种途径影响企业的成本。城市的产业协同集聚水平越高，则劳动力越愿意接受更低的平均工资，这是因为该城市能为劳动者及其家庭成员提供合适的工作岗位,从而使得家庭获得较高的总收入(胡尊国等,2015)。这也意味着协同集聚引起的劳动市场规模扩大促使劳动力匹配程度增加,工资水平上升,而工资水平的提高会引起劳动生产率上升;同时劳动力成本的上升有利于提高劳动者工作的积极性,也为劳动者进行专业技能培训提供了更多的机会,从而提高企业的生产效率。因此,产业协同集聚水平越高,地区劳动力成本则越高,从而有利于改善劳动力错配。

以小榄镇五金集群产业为例,以1985年为分界点,集聚在小榄镇的五金企业数量爆发式增长,同时,五金产业的人均产值自1985年便以较高的速度增长。可见,产业集聚对劳动力效率上升起到了重要作用(图7-6)。

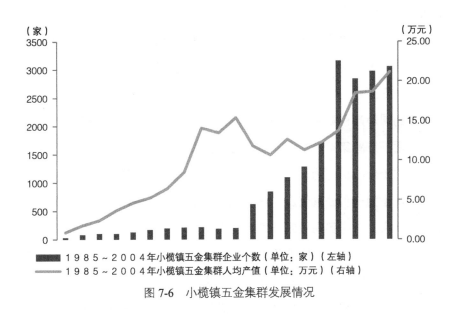

图7-6 小榄镇五金集群发展情况

3. 产业集聚将会带来短期内环境污染和更大能耗问题

产业集聚的发展实质上是产业规模的扩大,而产业规模扩大需要更多的原材料或中间产品加以支撑,这一过程会产生能源消耗以及环境污染,同时中国目前工业集聚是一种资源生产力和生产效率均低下的粗放式集聚模式,在一定程度上加剧了能源短缺与环境污染恶化(陈芳,2016;朱英明等,2012)。但是,随着产业集聚知识溢出以及创新效应的有效发挥，集群内上下游企业信息、人才、技术以及先进的管理经验都会得到充分流动，从而增大对能源消耗技术以及污染治理技术的革新，而且集聚内企业的竞争效应，也会使各企业加大对研发投入的力度，提升企业竞争优势，从而提升能源利用率以及减少污染物的排放（闫逢柱、苏李、乔娟，2011）。

产业集聚加重环境污染的原因主要在于：

首先，当前我国的产业集聚区多是由政府主导而形成，地方政府客观上存在快速打造产业集聚区、拉动经济增长的冲动，形成了很多形式上的产业集聚区，但并非真正意义上的产业集聚；因为企业之间的关联性较差，缺乏纵向和横向联系，也难以产生知识或技术溢出。这种形式上的产业集聚通常导致产能扩张和能源消耗量的增加，与之伴随的是污染物排放量的增加。在这种情况下，产业集聚程度越高，其对环境影响的负外部性越强。

其次，产业集聚区为了吸引更多的国外产业集聚，通常会制定并实施较低的环境规制标准和污染物排放标准。根据"污染避难所"理论和"向环境标准底线赛跑"假说，较低的环境规制标准和污染物排放标准，将吸引较多的国外产业集聚于某一区域，也会产生更多的污染物排放。

最后，产业集聚可能会导致企业"免费搭便车"行为的频繁发生，集聚区内的企业不愿意为改善环境做出努力，从而造成环境污染加重。事实上，环境作为一种公共资源，具有显著的非排他性和非竞争性，极易产生搭便车行为，这样容易导致环境规制失灵，使环境治理无法达到高效率。

以制造业为主体的实业历来是工业国家经济增长的支柱，通过逐步引入并大力发展市场经济，东北地区在价格机制、供求机制和竞争机制的相互作用下，自然资源优势使资源的开采和加工业成为东北地区优先发展的产业类型，长期资源开发与利用所积累的环境透支问题比较突出。

东北地区工业化进程中呈现出重化工业发展的趋势，但大量的投资趋向于产业链中靠近能源原材料的初端。2008年黑龙江省单位GDP能耗同比下降4.75%，吉林省单位GDP能耗同比下降5.02%，辽宁省单位GDP能耗同比下降5.11%，均低于2008年全国单位GDP能耗同比降5.20%的水平。2009年辽宁省单位工业增加值能耗同比下降6.95%，吉林省单位工业增加值能耗同比下降8.19%，均低于全国单位工业增加值能耗同比下降9%的水平，资源开采与环境透支过度问题在东北地区需要引起足够的重视。

4. 产业集聚或带来资源配置重复问题

若产业集群地区内各地政府未形成有效的正和博弈，反而由于博弈摩擦的不断升高造成经济水平短板效应凸显、产业结构趋同、保护主义盛行，最终导致地方政府陷于囚徒困境，则会对产业集群发展产生不利影响，政策协同缺失最终将导致资源配置重复和集群内耗严重，严重影响集群中单一单元经济潜力的最大释放，最终可能带来产业集群的破裂。

在产业结构方面，东北地区经济增长高度依赖第二产业特别是工业的扩张，服务业发展相对滞后；在要素投入结构方面，经济增长高度依赖低成本资源和生产要素的高强度投入，科技进步和创新对经济增长的贡献率偏低。2001～2004年辽宁、吉林、黑龙江三省的工业总产值增长近1倍，但在工业总量规模的扩张中，重工业所占比重有增无减，2004年东北地区轻重工业的比重为17.57∶82.43，与2001年相比，重工业所占比重又上升了1.48个百分点，比2004年全国重工业占工业总产值的比重高15.9个百分点。东北地区由于国有经济与重工业比重过高，轻重工业产值比率不协调。

在计划经济时代，东北老工业基地一度处于"工业摇篮"的顶部，改革开放以后，在向市场经济体制转轨时期，东北地区出现了经济相对衰退现象，横向比远落后于全国平均水平，且差距在拉大。

1978～2008年，全国工业总值增长了79.86倍，与改革开放前30年相比提高了49.6倍，而东北工业同期只增长了42.55倍，仅比改革开放前提高了11.54倍。在东北三省中，吉林省工业增速最高，达到61.76倍；其次为辽宁42.35倍；黑龙江最低，仅为34.26倍。

2009年广东省的GDP已经是辽宁省的2.86倍，是吉林省的6.36倍。东北地区经济总量和增速相对于长三角地区（包括上海和江浙两省）、珠三角地区（以广东省的数字为代替）、环渤海湾地区（包括北京、天津、河北和山东）来看，属于后开发地区，东北地区在经济总量、开放程度、科技创新能力乃至综合竞争力等方面存在较大差距。

2008年，从广东和吉林两省的工业总产值和重工业各占本省GDP比重看,广东省重工业比重为59.3%,吉林省高达74.4%。2009年广东省规模以上工业企业完成工业增加值16148.58亿元;吉林省规模以上工业企业完成增加值2926.65亿元,二者相差甚远。另外,从以服务业为代表的第三产业比重看,吉林省低于广东省4.9个百分点,可见,生产性服务业发展滞后严重制约着东北地区制造业发展模式转型。2003年、2004年、2005年和2006年,东北三省GDP总量占全国当年GDP总量的比重分别为9.6%、9.3%、8.7%和8.6%(图7-7),只相当于广东省当年GDP总量的80.3%、77.1%、76.6%和58.3%,而且呈逐年下降趋势。因此,不失时机地实现制造业发展模式转型是提升地区经济总体实力的迫切需要,这些问题使东北地区的转型升级成为刻不容缓需要解决的紧迫任务。

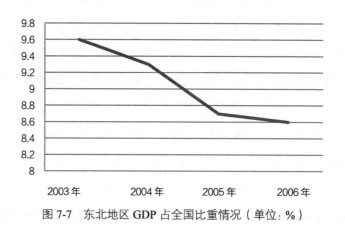

图7-7 东北地区GDP占全国比重情况(单位:%)

除了产业集聚的影响,毫无疑问,开发区也对城市产业空间有着巨大影响。总的来说,开发区的建设对城市的内部和外部都有着重塑的作用。

科学工业园不但是城市高新技术产业的核心,还通过再产业化、技术和产业转移以及创造协同作用,刺激所在城市的发展。在中国,由开发区建设诱发的城市化进程被称为中国继封建王朝、半殖民地时期、社会主义时期后的又一个城市大发展时期(Taubmann,1993)。开发区从自身城市化和带动周围地区城市化两个层面极大地推动了整个国家的城市化进程,形成了具有快速跳跃、不稳定、外驱、人为、经济增长模式单一和基础设施完备等特征的城市化的"开发区模式"(王宏伟、袁中金、侯爱敏,2004)。

开发区对城市的影响最直接体现于物质空间结构的改变。开发区在不同发展阶段对城市空间结构的影响方式和强度不同，在经历了"孤岛"和"飞地"阶段之后，开发区开始和城市融合，对城市空间的重构作用不断增强（郑国，2011）。开发区通过促进城市的远域郊区化和郊区化的空间分异，成为我国城市郊区化的重要载体（郑国、周一星，2005），其内部低密度的建设形式，一定程度上造成了中国式的"城市蔓延"（不同于北美地区）（张艳，2007）。城市开发区已经对中国城市的形态与空间结构产生了深远影响，引导一些大城市的空间结构向双核、连片带状和多极触角等类型转化。在中心城市极化背景下，开发区和母城间形成了城中区内置型、边缘区生长型、子城区扩展型和独立区发展型四种空间关联（冯章献、王士君、张颖，2010）。所以，积极调整开发区与母城的关系，可以有效改善中国城市传统的单中心结构。

开发区不仅带动了中国大城市的产业郊区化，而且成为强化中国城市社会空间极化的主要动力（李俊莉、王慧、郑国，2006）。高新区在演化为集商务、技术创新、高新技术产业发展、高尚生活区等高端功能为一体的新城的过程中，对城市新富裕阶层和中等收入阶层的形成做出重要贡献，并可能诱发一定的社会矛盾（王战和、许玲，2005）。所以要注重开发区在城市经济空间、社会空间、文化空间重构等方面的作用，并从开发区的影响力角度出发，从规划和政策层面提出促进城市发展的政策建议（郑国，2010）。

开发区在城市中产生巨大的空间效益，可以催化带动都市区域的空间重构，所以必须将其发展纳入到城市规划体系中（王慧，2003）。从整个城市的角度看，中国的开发区（尤其是经济技术开发区和高新技术产业开发区）和发达国家的边缘城市在区位、功能、形态、发展特征和行政职能上具有很多相似性（孙一飞、马润潮，1997）。很多大城市边缘地带的开发区也正在演化为具有中国特色的边缘城市，未来开发区的规划和发展可以从多方面借鉴边缘城市的经验（郑国、孟婧，2012）。另外，由于开发区的设立可以快速改变所在城市的产业结构和规模、空间结构、经济外向度、税收和就业等，所以是发展水平较低的城市实现跨越式发展的重要契机（李俊莉等，2006）。

开发区的建设不仅对城市自身发展有着重要影响，从更大范围来看，开发区对城市外部的区域发展也有着不可忽视的推动作用。

城市开发区和所处区域发生着重要联系（如产业关联，人口、经济、产业和基础设施的增加，新企业的衍生、集聚和扩散等），潜移默化地影响区域发展（王缉慈，1998）。从机制上看，开发区的区域效应来源于其内部创新活动导致的再产业化、产业转移、产业扩散以及创造经济主体间的协同作用。但也有研究质疑开发区和区域间某些联系的真实性，例如：Yiannis 等（2002）认为，一些科学园和研究机构虽然在地理上邻近，却没有产生协作；一个园区中只有特定类型的企业倾向于与外部机构发生联系等（Fukugawa，2006）。

城市开发区诱发的区域变化显而易见。在发达国家，科学园有效促进了创新和区域发展（Ratinho、Henriques，2010）；John 等（2011）认为，在经济落后的国家和地区，一些出口加工区起到缓解失业和促进经济增长的作用。但 Mustrapha 和 Enrique（2002）认为，出口加工区在国际分工中的被动地位，制约了其在经济后向联系、技术外溢等方面发挥更加积极的作用。David 和 Jed（2010）认为城市开发区的作用并没有预想的显著，就连它是否具有促进区域就业的能力都值得怀疑。由于中国的开发区建设过程和国家区域发展战略协同性强，所以开发区在培育经济新增长点、促进新商业中心诞生、区域产业结构调整和升级、提高技术水平、转变企业经营管理观念等方面的区域带动性都十分明显（郑国，2007）。此外，开发区的土地开发和集约利用也诱发了明显的区域效应，带动区域经济发展和城市化（张晓平、陆大道，2002）。从这些正面的区域效应看，Hansson 等（2005）认为，开发区（尤其是科学工业园）将是未来区域经济发展的催化剂。

任何事情都有两面性，开发区建设产生的负面区域效应也逐步暴露出来。开发区间的恶性竞争引起区域产业趋同、土地浪费、区域差距扩大、生态破坏等问题（陈家祥，2010）；开发区与区域社会空间之间的断裂，带来居民边缘化问题。一些学者甚至认为开发区对所处区域是无益的，这是因为一方面优惠政策更容易引来外部大型企业的分支机构，而本地企业依旧处于弱势地位，对帮助本地企业发展无效（陈秋玲，2007）；另一方面，Schmenner（1982）认为，从更大的区域尺度看，一个地区开发区的发展实际是以其他地方失业率的上升和经济发展停滞为代价的。

区域也对开发区的发展产生影响，区域资源环境条件和社会经济发展状况制约开发区的规模、发展速度和效益（夏元文、贺旭中，1997）。我国很多开发区因为在区位、功能、产业、制度、社会等方面具有"孤岛"特质，陷入棘手的持续发展困境。所以，需要从规划入手，让开发区的定位、规模、产业、布局等和所在区域城镇规划、城市总体规划相适应，将开发区建设融入区域发展（2004b）。

7.4 我国开发区建设中面临的问题

我国产业集聚的发展始于20世纪80年代，发展至今，产业集聚现象在我国已经非常普遍，并取得了显著的成就。而在产业集聚愈发加剧的今天，产业集聚与城市发展之间的矛盾也愈发凸显。从某些方面来说，产业集聚不仅可能会对城市发展的经济效益产生负面影响，也可能会对城市发展的环境效益产生负面作用。

产业可基本划分为第一、第二与第三产业，其相应典型的代表即为农业集聚、工业集聚与服务业集聚。而不同类型的产业集聚所产生的城市问题既有相同相似之处，也有不同之处。

1. 农业产业集聚中面临的问题与解决问题的一般途径

农业集聚是指在某一特定区域内，较大规模产业化生产某一主导农产品的农户或者企业的集群，还包括与之相关的市场、服务组织的高密度集聚。国外农业集聚的发展比较成熟，如荷兰的花卉产业集聚、法国的面包产业集聚、美国的玉米产业集聚和智利的苹果产业集聚等都是国际上农业产业集聚发展较成功的例子，都有效地提升了区域竞争力。农业集聚大多数是自然形成的，模式较为原始而简单，因此同样存在着一些问题。

产业集群中的农业企业可能存在过度竞争，阻碍城市的进一步发展。在农业集聚的情况下，很多企业存在着产品结构相同、新产品升级力度不足、缺乏科技含量、产品附加值低的问题。为了扩大市场份额，企业只能通过价格战来降低成本，提升利润。造成这种局面的主要原因，一是地方政府和投资者在前期市场分析中做得不够好，盲目开展项目，追求短期效益，产品创新不足，导致该地区同类产品供过于求；二是初级农产品较多，高端产品较少，大多数企业在初级产品市场上的竞争，利润率较低，这大大压缩了企业的利润空间，给企业的进一步发展产生巨大的障碍。

农业产业集群中的强有力竞争容易使生产者在政府部门疏于管理的情况下，以粗放式生产的手段降低成本以提高竞争力。农业发展的条件比较苛刻，因而农业集聚一般发生在水热条件好、土壤肥沃、气候适宜的地方，因而自然环境的优越性也是农业集聚的条件之一。然而，部分农业生产者采用粗放式生产的方式来降低生产成本，如大水漫灌、盲目施肥、滥用农药，生产效率极低。更有甚者会不顾法律法规，以破坏当地环境为代价降低成本，以提高产品竞争力。久而久之，当地环境条件被破坏，农业集聚的自然环境优越性不复存在，农业产业的集聚也会自然而然的瓦解，这十分不利于城市的可持续发展。

对于此类问题，一般应采取大力发展品牌战略的解决途径。产业集聚发展取得成功的一个重要标志就是形成区域特征的品牌，例如山东寿光蔬菜、金华火腿。它代表着一个产业集群的外在形象标识，对农业产业集聚的发展具有很重要的意义。

寿光市位于我国山东省潍坊市，自改革开放以来，寿光凭借优越的地理位置，大力发展蔬菜产业。但全国市场内存在着信息闭塞的问题，蔬菜价格变动大，农民往往成为风险的承担者，寿光市因此在2005年2月建立了蔬菜网。同年5月10日，时任山东省长的韩寓群在寿光召开省政府现场办公会，部署寿光建设一个类似期货的蔬菜无形市场。领导的嘱托和支持，给寿光以巨大的鼓舞并转化为加快建设步伐的动力，全国第一家蔬菜电子交易市场随之迅速成立。此后得益于信息化的发展，寿光逐渐形成蔬菜产业的新型农业集聚模式，成功打造产业品牌，蔬菜产业得到了很好的发展。

2005年前，蔬菜产业发展速度较慢甚至出现粮食产量下降的情况。自2005年初步形成农业产业集聚后，粮食产量增长迅速（图7-8）。如此打造地方品牌的战略，有利于将区域内的各企业紧密联系起来，促进区域内资源的合理分配，从而减少集群内部企业的盲目竞争，加强其之间的合

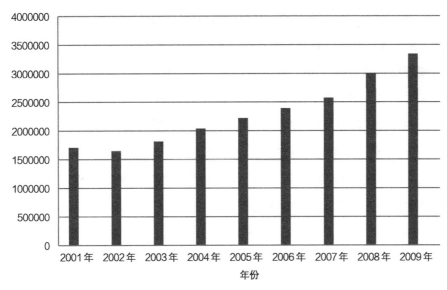

图 7-8 山东省潍坊市粮食产量（t）

作伙伴关系，也有利于企业制定长久的发展战略。

除了大力推动品牌效应之外，政府与有关部门应加强对环境问题的管理与生产者生产方式的积极引导。

首先，要提倡生产者精益生产，如喷管滴灌代替漫灌、合理施肥等。其次，对于农业生产中存在的破坏环境的问题，需要制定合理的管理条例并严格监督执行。从而使得农业产业集聚的优势得以长久保持，城市得以进行可持续发展。

2. 工业产业集聚面临的问题与解决问题的一般途径

工业是唯一生产现代化劳动手段的部门，它决定着国民经济现代化的速度、规模和水平，在当代世界各国国民经济中起着主导作用。工业作为我国国民经济发展的命脉，也是国民经济的重中之重。

工业集聚是指若干工业企业或同类生产集中于一定地域或地点。工业发展到一定程度时，往往会自然而然的形成工业集聚，工业集聚也就形成了工业城市。国外的工业集聚起步较早，例如美国底特律汽车产业、法国格拉斯香水产业、英国斯托克陶器产业等，甚至部分地区在工业革命时已初现产业集聚的雏形。

以典型的美国底特律汽车产业集聚为例,三大汽车公司——通用、福特与戴姆勒-克莱斯勒都集聚于此,形成一个庞大的产业集群。底特律有着很好的地理优势,煤、铁资源丰富,位于五大湖,淡水资源丰富,水上交通方便。通过技术创新与投资驱动,成功创造了"全球汽车制造中心"的辉煌。美国汽车产业在此时发展迅速,汽车产量快速攀升(图7-9)。1929年,美国的汽车产量占全球汽车产量的95%,而其中80%是由底特律汽车集群生产的;同年美国汽车工业的劳动生产率是23.6辆/人,可见其产业集聚产生的生产力之巨大。

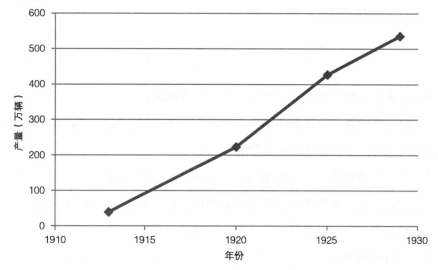

图7-9　1913~1929年美国汽车产量变化

但工业作为国民经济中产生污染最多的行业,工业集聚产生的城市问题也以其环境污染问题为重点。而我国的工业集聚起步较晚,发展也因此不太成熟,带来了许多问题。

(1)工业集聚将直接导致环境问题

环境资源的成本并非是企业内部化的,而是高度外部化的。企业滥用环境资源,是将滥用的代价转移给了社会,而非自身承担,其成本低廉导致企业不顾因此所带来的环境破坏。而在产业集聚的情况下,这样的情况往往会加剧。

2013年,密歇根州政府任命的专家小组宣布底特律陷入财政危机,底特律自此走向衰落。资源的浪费与环境问题频发也正是底特律汽车城衰落的原因之一。由于底特律生产方式属于成本导向型，资源的消耗使得这一优势逐渐减少，环境污染的加剧也使得城市对人才的吸引力逐渐下降。随着产业结构的逐渐老化，底特律也逐渐走向衰落。

集聚引起的工业规模的扩展会直接导致污染排放增加。集聚往往意味着集中要素与资源，且成本的下降会带来工业企业生产规模的扩张，这种扩张会直接增加生产资料的消耗，并直接导致工业污染物排放增加，对城市造成大量污染。

（2）工业集聚的不良发展方式将阻碍城市的发展

我国产业集聚发展起步晚，时间短。因此在我国许多工业集聚往往不是市场随着时间的推移自然而然的形成的，而是人为的、由政府牵头设立的。政府往往有快速打造工业园区的冲动。这样"非自然"形成的工业园区，往往其内部各个企业之间缺乏联系性与流动性。这种形式上的集聚只会加剧工业集聚的负面影响——资源的大量损耗，很难对技术进步等起到促进作用，很容易使城市进入僵化的发展模式。

（3）工业集聚影响了城市居民的生活质量与城市化建设

工业集聚的工业产业集聚的快速发展，吸引了大量农村人口转移至城市，产生大量的外来务工人员，使城市人口大量增加。交通的拥堵使运输成本上升，直接降低了城市对外地企业的吸引力。拥挤的人口也使房价快速上涨，限制了城市对人才的引进。如此恶性循环，极其不利于城市的现代化建设。快速增长的城市人口给城市的基础设施形成了巨大的负担，产生交通拥堵等诸多问题。底特律在汽车产业发展末期，政府由于预算问题，挤压公园、图书馆、卫生及公共安全设施等公共需求，基础设施的匮乏引起了当地居民与外来人口的强烈不满，使社会趋于不稳定，城镇生活质量的下降使人口大量流失，一个城市也因此失去活力（图7-10）。

对于这类问题，有以下几种解决方法。

（1）合理利用自然资源，促进产业集聚和城市化协调发展

政府应坚持支持企业进行自主创新，支持工业企业对生产设备等进行更新换代，以减少生产过程中污染物的排放，提高生产效率，建设环境友好型工业企业。同时，也应加大对工业企业污染排放的监督力度，确保有

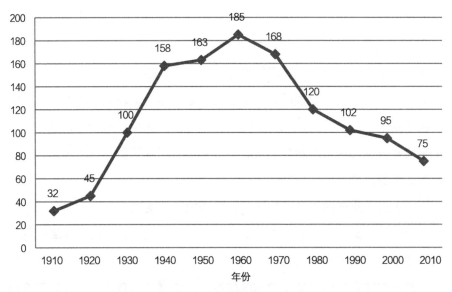

图 7-10　底特律 1910～2010 年人口总数（单位：万人）

关环保条例落到实处。抬高企业使用环境资源的成本，使企业将目光放在引进人才、变革技术等其他降低生产成本的方法上。大力扶持企业的创新活动，对于高污染、低效益的企业，应逐步淘汰。

（2）政府发挥引导作用，让企业自发形成产业集聚

政府应明确自己的地位，慎用行政权力干预企业的正常运行，而应让市场起主导作用，政府则做好辅助工作：优化基础设施、引导良性竞争，让企业自发形成工业集聚，如此才更容易达到规模经济，形成上、下游企业联系。有利于循环经济的实现，更好地维持集聚区较强的持续竞争力。

（3）基础设施先行，优化资源配置

为工业产业集聚的发展提供有力的基础设施支持，优化集聚区内的资源配置。关注未来工业集聚对城市化建设可能造成的负面影响，并在多方面对该负面影响进行合理解决。在中心城市，可将部分企业合理转移至其他地区，以缓解持续上升的外来人口压力。加大对公共设施的建设，以满足工业集聚的需要。

3. 服务产业集聚面临的问题与解决问题的一般途径

国务院早在"十一五"会议就指出，发展服务业是我国产业结构优化

升级的战略重点，而服务业又可分为低端服务业与高端服务业。高端服务业通常指智力化、资本化、专业化、效率化的服务业。时至今日，服务业已成为稳定经济增长、实现高质量发展的主阵地。

服务业集聚是指若干服务业企业集中于一定地域或地点。国外有许多服务业产业集聚的例子，最著名的有美国硅谷高新技术集聚区与纽约国际金融中心产业集聚区。我国比较著名的服务业集聚有中关村科技产业园。因定位明确，地理位置优越且政府政策扶持，其发展迅速，特别是2010年左右产业园区发展模式较为成熟之后，其规模等得到了快速增长（图7-11）。

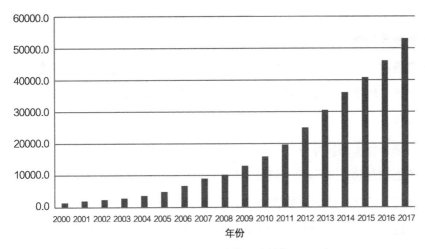

图7-11 中关村产业园总收入（单位：万元）

服务业产业存在着关联度高、跨界服务性强、生产与消费不可分及要素流动性活跃等特征，有助于产业结构优化和资源配置效率提升，发展服务业产业集聚也是加快产业转型升级的有力手段，但服务业集聚所可能导致的城市问题仍值得关注。

（1）当今服务业产业集聚在我国的发展模式容易造成同质化效应。产业集聚的优势之一，就是产业的集聚可以产生溢出效应，以企业之间的合理竞争与合作促进产业的不断发展。而在当前政府主导的服务业产业集聚过程中，由于规划不力，缺乏市场的主导作用，容易不顾城市特点盲目引进服务业企业，不但使城市缺乏活力，还会产生同质化竞争的问题。由此造成的重复建设、盲目投资、产能过剩等问题，都影响了要素的配置效率以及集聚溢出效应，同时阻碍了城市的绿色发展。

（2）服务业的优势决定了发展服务业是许多地方政府的工作重点。但服务业产业自然集聚的例子一般是大城市，其城市的发展程度、基础设施等可以说是服务业产业集聚得以发挥优势的基础条件。部分地方政府忽视前提条件，而盲目向外引进服务业，建设服务业产业园区，使得低附加值、低效率、高消耗的低端服务业产业过度集中。这种空洞的发展模式不但没有使城市的生产效率得到显著提升，反而造成了交通拥堵、用地紧张等城市问题。

对于这类问题，有以下几种解决方法：

（1）根据城市资源状况、经济发展特点和区域价值优势，制定城市服务业发展战略。如著名的美国硅谷高新技术产业集聚，其沿海、位于港口与交通枢纽、周边有众多高校的地理位置决定了其发展高新技术产业的巨大优势。城市产业发展的方向明确，也是硅谷产业集聚发展明确的一个首要条件。

调整分工定位等战略性问题，着力推动多元化服务业主体企业的集中，避免低附加值、高消耗、低效率的低端产业的过度集中，打造错位集中、各具特色的服务业企业集聚格局。

例如硅谷高新产业集聚善于与周边高校合作，发展高附加值、低消耗、高效率的高新技术产业，软件产业、互联网服务、计算机/通信、生物科技和航空等产业各具特色，因而取得了良好的发展成果。早在20世纪90年代，硅谷已发展成熟。2005年，硅谷有4000多家电子工业公司，电子产品年销售额超过4000亿美元，占美国的40%。世界前100家最大的电子和软件公司当中，有20%在硅谷发展。这也得益于硅谷尊重市场规律，充分发挥市场在资源配置中的主体作用，使各个服务业企业之间形成合理的良性合作与竞争，充分发挥了集聚溢出效应。

（2）应尊重经济发展的客观规律，重视城市基础设施的建设，而不应为追求政绩而盲目过快的引进服务业，而应注重服务业的质量与其是否适合该城市的发展模式与区位优势。面对服务业集聚所可能导致的交通、用地问题，也应合理规划、及时处理，从而真正发挥服务业产业集聚的优势。

7.5 我国产业空间中面临的锁定效应与路径突破

前文中以北京为例讨论了产业集群演化发展的历程和阶段性特征，北京的经验为我们展现了产业集群在内外因素影响下的出现、稳定、升级、重组、分解和消失等发展阶段和演变趋势。由于北京经验的特殊性，包括其作为首都的行政优势，北京的产业发展路径、产业结构均具有其特殊性，形成了域内以服务业为主导的优质产业集群和较为良性的发展路径，城市经济始终具有活力。然而，并不是所有城市的产业发展都能够保持在良性的演变路径上，亦不乏难以摆脱原有产业的衰落，进而形成新的具有良好经济效益的主导产业并导致城市收缩、衰落的案例。解释这一现象需要引入路径依赖与锁定效应的概念。

1. 路径依赖与锁定效应

较早将路径依赖和路径突破的理论引入经济地理学的是 David 和 Arthur 等，前者从马歇尔提出的外部规模经济的角度分析出现路径依赖效应的地方性"技术飞地"是如何产生的，而后者则研究了报酬递增导致的城市区位模式和产业发展中的路径依赖。

关于路径依赖的具体内含，Arthur（1994）指出，空间秩序的形成依赖于历史过程，当新的产业基于先前既有的区位格局有层次和秩序的进行布局，在地理层面上就完成了秩序的建构。早期企业在某一两地的零星分散布局是由于历史偶然因素，而其他企业是被这些早期企业吸引过来。这些产业最终聚集在了早期选定的地区，这被称为"历史性依赖"。Walker（2000）将路径依赖定义为，过去的决策会影响后来的关于方法、设计和实践的决策。但这一概念并不意味着技术或者历史决定了一个确定的结果，而是提供了一个更容易被导向的一个路径，选择其他路径是困难的。区域经济路径依赖的潜在缘由可以归纳为以下几个方面：经济依赖的自然资源、高额前期投入（即准不可逆性）、专业化下的本地外部经济、区域性技术锁定、集聚经济效应、域内特定社会制度和文化模式、区域间联系和相互依赖性（Martin、Sunley，2003）。

同时，路径依赖的概念不仅指的是一种过程，还可以特指一种状态，即锁定。David将锁定定义为一个稳定的"被动"均衡，只有当存在外部冲击时地方经济系统才能脱离原先的锁定，并逐渐进入新的锁定路径（Martin、Sunley，2003）。

无论作为一种状态还是过程，路径依赖都包含一重意义，即新的路径的形成，但路径依赖理论的解释还很有限。作为过程的路径依赖概念，应该被理解为一个不断经历路径依赖、路径创造、路径解构等阶段并不断偏离既有社会经济技术结构的过程（Martin and Sunley，2003）。这就是说，在路径依赖过程中，路径的创新始终是潜在的。

由于路径依赖理论主要考察历史上发生的外生偶然事件对于区域经济发展的长期影响，对于新路径如何产生的问题，现有研究还很缺乏。关于路径突破的完整理论还很缺乏，现有研究总结了一些避免消极路径依赖的条件。Grabher（1993）总结了造成锁定的三方面因素，即功能性锁定、认知性锁定和政治性锁定。Martin（2006）和Cataldi（2004）指出，本地突破性的技术创新，地方性产业、技术和组织的多样性，外地产业和技术的输入能力，本地产业在衰落时的转型能力、产品和服务升级的能力，都能有力阻止地区经济陷入消极的锁定状态，甚至走入新的地区经济发展路径。

可以看出，地区经济发展的路径从根本上来说取决于当地产业发展的形成、扩张和衰落过程。当一地或是由于技术研发，或是由于政策优势，或是其他偶然事件，促使地区主导产业兴起并开始扩张、吸引同质企业和相关产业集聚，并对地区经济起到引领和支柱作用时，对当地原有发展路径的解构和突破就完成了，地区经济进入新的路径，并在新的路径上产生积极的锁定效应。然而，当主导产业走向成熟，既有的技术、组织和网络形成的强有力联系不再产生报酬递增效应，从而导致了消极的路径依赖。因此，从经济地理学的角度思考路径依赖与路径突破，应将其置于产业集群演进的规律中考察。

2. 集群地区经济的锁定与解锁

区域经济的繁荣与否取决于该地产业集群的发展阶段，主导产业进入扩张和成熟阶段将会极大促进区域经济发展，主导产业的衰落和消失将使区域经济走入萧条。波特认为，大多数成功的集群一般可以持续繁荣数十年，甚至让某个地区数世纪生机盎然。随着最初给产业集群带来竞争优势的因素因路径依赖而得到加强，最终变成产业发展的唯一因素，积极的"锁定"效应转化为产业发展的消极因素。

Venables（1996）研究指出，使用过时的生产工艺及自身墨守成规的企业一般不愿采用更高效率的新技术、新工艺，企业过度依赖过去的发展路径，最终引起"技术锁定"高风险。Grabher（1993）对德国鲁尔地区钢铁业集群的研究显示，基于网络的路径依赖性的产业集群存在功能性锁定、认知性锁定和政治性锁定三种锁定效应。Schmidt 和 Spindler（2002）研究认为，路径依赖由转换成本和演化近视而产生。演化经济学基于对技术演化的路径依赖分析指出，当产业集群面临市场条件变化或技术变革压力时，产业集群很难通过技术转型存活下来。究其实质，路径依赖会导致产业集群的发展产生锁定效应，使得产业转型升级的成本过高、困难加重。

集群衰败的案例屡见不鲜。美国的底特律是闻名于世的汽车之城，受经济危机影响陷入困境，同时路径依赖引起的锁定效应使得该地汽车产业集群缺乏创新、产业结构调整成本过高，整个产业生产成本居高不下，产业衰败，底特律最终破产（林柯、吕想科，2015）。

如何将区域经济从路径依赖导致的锁定效应中解放出来，使得区域经济重新焕发活力是经济地理学研究的重要课题。然而由于经济社会的复杂性，对这一问题的认识尚存在诸多争议，经济地理学研究试图通过案例研究、理论结合实际等方式回应对这一问题的关切。

一般来说，区域发展的"解锁"应在以下几个方面着力：

（1）提升产业集群的技术关联水平、行业结构关联的整体功能。延伸集群产业链，扩大企业联系的网络结构，减弱产业集群路径依赖，增强集群企业抵御风险的能力。

（2）谋求区域产业集群的可持续性发展，应与市场需求相吻合，尤其是需求拉动型和需求依赖性的产业集群。

（3）资源枯竭型城市的转型发展应整体规划、协调发展。依赖自然资源而形成产业集群的地区，当面临资源枯竭时，应高度重视其地区产业转型的整体规划、协调发展，政府此时应积极作为，正确引导其产业的转型和升级，防止城市因该种产业集群的衰落而导致破产。

（4）加强公共服务体系建设，为产业集群可持续发展提供平台。大力建设产业发展服务公共平台，提供产品质量检测、网络信息、市场开拓、技术咨询等服务，降低集群内企业生产成本，提升产品质量，增强整体竞争力。

第8章

产业集聚、开发区与城市、区域发展战略：
兼论几个议题

8.1 产业区与特色小镇

近年来，我国各地掀起了建设特色小镇的热潮，特色小镇凭借其独特的产业及历史人文底蕴支撑镇域经济发展，甚至对整个区域经济起到带动作用（盛世豪、张伟明，2016）。其规划与发展演变的机制与产业园区发展具有一定相似性，其经验亦具有可资借鉴之处；换言之，特色小镇也是一个个独具特色的产业区。

对于特色小镇的建设，特色和产业是先决条件。这就决定了特色小镇发展的核心在于产业的运营。建设特色小镇，需要形成产业化的特色项目，并形成带动当地经济发展的完备的产业链条，当然，政府的政策支持也不可或缺。

建设特色小镇，不能靠搞房地产，不能靠大规模投资来制造新城新镇，或者脱离实际的复制其他地方的发展模式，否则就会导致小镇同质化、无特色依托，进而失去吸引力和竞争力。建设特色小镇，应当结合自身资源禀赋，挖掘出产业、生态或人文方面的特色优势，找准产业定位，进行科学规划，将小镇的产业、文化、就业、社区服务等功能有机融合。其中，重点是培育和发展特色产业，要充分利用政策扶持，多渠道引进资金项目，强化特色产业的发展，夯实特色小镇的经济基础。只要有了特色产业，就业就有岗位，创业就有空间，发展就有前景，就能更好实现经济繁荣发展、群众安居乐业。说到底，特色小镇并不是凭空堆砌而来，而是立足于地域化的资源优势，或者是具备比较优势的产业集聚。

8.2 产业集群与城市群协调发展：互动与耦合

由于地域分工和产业集聚效应的强大力量，产业集群的影响早已突破了单一的城市层面，扩展到城市群层面。城市群（Urban Agglomeration）是指以中心城市为核心向周围辐射构成的多个城市的集合体（顾朝林，2011）。通过区域和城市群规划、城市间的道路管网等设施联通、社会公共设施和服务的一体化，城市群内部各城市经济联系紧密，功能上互补，形成区域性的城市集团，具有一定的地域特色，对周边地区具有强大的辐射作用。重要的城市群形成的经济区具有全国性甚至世界性的影响力。

我国具有悠久的城市发展历史，在古代社会形成了完备的城市体系。新中国成立后，我国的城市建设经历了一些曲折，改革开放以来，我国城市在国内经济改革和世界城市建设潮流的影响下获得了巨大的发展，城镇化和城市、城市群建设取得了巨大成就。

面对新的城镇化发展问题，《国家新型城镇化规划（2014—2020）》指出，优化城镇化空间布局和城镇规模结构，按照统筹规划、合理布局、分工协作、以大带小的原则，发展集聚效率高、辐射作用大、城镇体系优、功能互补强的城市群，使之成为支撑全国经济增长、促进区域协调发展、参与国际竞争合作的重要平台。城市群对于经济发展的重要意义已得到了政策层面的重视和支持。

城镇化、城市群建设本质上是各种经济要素在空间中的流动、配置，进而引发产业和城市空间重构，形成一定的产业和城镇空间结构和体系的过程。城市群内部若干不同性质、类型和等级规模的城市，基于区域经济发展和市场纽带联系，形成城市网络群体（吴传清、李浩，2003）。城市群作为新型城镇化的重要空间载体，需要协调内部大中小不同规模城市的发展，完善城市群内部产业分工合作体系。城市群中心城市致力于产业转型升级，提高参与全球分工的层次，发挥辐射带动功能，促进周边中小城市和小城镇发展；中小城市依托优势资源发展特色产业，承接大城市由于转型升级和分散效应向外转移的产业，实现区域产业布局的优化、产业结构的升级。

本节拟从产业链与城市群产业分工、中心城市产业集群辐射作用两方面剖析产业集群与城市群的互动关系。

1. 产业链与城市群产业分工

产业分工协作是城市群内部经济联系的主要特征。城市群区别于城市的特点，就是在集聚的过程中形成了分工与协作，形成了资源的优化配置。在这一过程中，要素进行了新的流动和配置，这必然会形成包括产业和空间在内的城市链。链条越长，城市群的价值空间就越大。这种分工和协作就是要不断地在城市群中衍生新的产业链条，延长城市的价值链（连玉明，2005）。城市群是在特定的地域范围内，具有相当数量的不同性质、类型和等级规模的城市，依托一定的自然条件，以一个或两个特大城市或大城市作为地区经济的核心，借助于现代化的交通工具和综合运输网的通达性，以及高度发达的信息网络，发生与发展着城市个体之间的内在联系，共同构成一个相对完整的城市集合体（姚士谋、朱英明、陈振光，2001）。

城市群竞争表现为一种产业链竞争。城市群发展可使区域经济在生产要素的组织与创新方面具有较强的自生性和可更新性，促进地区产业结构不断优化并形成良好的产业布局，从而使得各城市优势互补，产生最大效益并实现资源的集约利用。城市群内部的分工与合作、城市间良好的产业布局都是建立在产业链基础上的，原属于某个城市的产业链不同价值环节，可以根据产业价值链各环节的专业化要求布局到不同的城市，城市间以单个企业为主的竞争让位于能够聚集众多单体企业的产业链竞争。

2. 中心城市产业集群辐射作用

核心城市主导的竞争。城市群竞争表现为一种核心城市主导的竞争。世界典型城市群如美国东北部大西洋沿岸城市群（简称波士华，Boswash）、北美五大湖城市群（也称"大湖区城市群"，The Great Lakes Megalopolis）、美国西南部太平洋沿岸圣地亚哥—旧金山城市群（简称"圣圣"，Sansan）、英国的伦敦城市群、法国的巴黎城市群、德国的莱茵—鲁尔城市群、荷兰的兰斯塔德城市群、日本的"太平洋沿岸城市群"，以及我国的长江三角洲城市群、珠江三角洲城市群等都有一个或多个超大型城市或特大型城市作为核心城市，集现代化工业职能、外贸门户职能、商业金融职能、文化先导职能于一身，承担中心控制职能和经济组织职能，成为产生新技术、新思想的"孵化器"，主导区域技术创新与区域产业发展方向，在本国、本地区经济发展中发挥着中枢的支配作用。

8.3 开发区间的区域经济合作：经济走廊建设[1]

随着经济全球化和区域化发展，区域间的经济、社会、文化联系越来越密切，区域经济和社会发展面对新的机遇和挑战，区域合作越来越密切。在推动开发区的区域经济合作中，经济走廊成为越来越重要的建设方式和实施手段，被广泛应用到世界各地。据统计，中国、日本、韩国、中亚地区、美国、欧洲各国、非洲等地区都大力发展经济走廊，推动区域经济发展。

已有经验表明，经济走廊的建设是城市、区域、国家间经济联系的表现，是实现区域经济合作的重要方式之一，是相邻国家或地区逐步走向区域经济一体化过程中所采取的一项重要发展战略，最终将经济领域的合作"外溢"到政治、安全等其他领域，有利于区域经济和社会的发展。相比区域一体化，经济走廊建设以社会为参与主体，政府为其构建合作平台和沟通桥梁，形式和内容更加灵活，从而使相关国家和地区更容易参与经济走廊的建设。开发区在经济走廊建设中具有重要意义，它往往是走廊上具体节点功能的承担者。

1. 经济走廊的定义

经济走廊狭义上是指交通主轴上以大中城市为依托形成的以第二、三产业为主体的发达带状经济区域，广义上是指经济要素在一定的地理区域内不断集聚和扩散而形成的经济空间形态，本节采取广义定义，并根据其突出的联系要素进行分类，从而更好地分析总结经济走廊的发展经验。

根据国内外文献的定义和研究，本节将"经济走廊"定义为：在一定的地理区域内，由于政府主导干预或经济活动自发形成的，以交通干线为主轴，生产要素根据市场调节自由流动，释放沿线各经济中心的比

---

[1] 杨振山、吴笛和程哲.区域经济合作视角下经济走廊的类型与影响.区域经济评论，2018: 21-32.

较优势，形成沿"廊"地区的经济增长极，城市地区间形成相互联系的纽带，实现沿"廊"地区共同发展的一种特殊经济空间形态，通常表现为狭长的地理形态，其实质是通道经济。在经济活动的表现上，既包含了突出某些经济活动联系的地理空间，也包含了经济综合联系的带状空间地域综合体。

2. 经济走廊的类型

经济走廊根据其形成和发展状态可以分为3种类型：一是在地理因素及经济社会发展的影响下，自发形成的经济空间联系；二是在政府和相关组织的支持和引导下，半自发或由政府主导形成的经济空间联系；三是政府和相关组织为区域经济发展，结合区域政治、经济、文化、地理等因素综合考虑制定的发展战略和目标。而这3种类型并非绝对孤立，而是可以通过相互转换，构成经济走廊发育的不同阶段。自发形成的经济走廊，可以通过政府和组织的干涉和引导，进一步完善和优化其空间联系。而政府和组织的"走廊蓝图"，将随着经济走廊建设的完善，最终实现自发的要素流动和经济联系。

根据经济走廊内的核心联系方式是否在空间上存在实体表现形式，又可以分成实体经济走廊和非实体经济走廊。实体经济走廊包括交通走廊、城市走廊、产业走廊、能源运输走廊等。非实体经济走廊更凸显了区域间特殊联系带来的直接或间接经济影响，例如贸易走廊、移民走廊、技术走廊，一般存在政府干预，如格兰德河技术走廊、全球移民网络等。实体经济走廊为非实体经济走廊联系提供载体，同时非实体经济走廊的发展反过来也会加速实体经济走廊的联系。后文将具体介绍各类型经济走廊的发展经验。

经济走廊的存在形式呈多样化，我们通过对学者相关研究进行归纳和分析，总结出经济走廊的发展经验。现今，世界主要发育完善的经济走廊分布在欧洲、北美洲、东南亚地区、东亚地区、拉丁美洲。欧洲、北美洲在20世纪六七十年代大规模发展基础设施、建设交通走廊，形成一系列产业和贸易走廊，随着近几年来经济增速的放缓，高新技术、移民、贸易等非实体走廊在北美洲和欧洲更为突出，成为研究的热点。东亚、东南亚地区是世界人口的重要集聚地，也是城市、交通、产业、贸易等走廊集中的区域。20世纪八九十年代以来，经济贸易快速发展，政府制定经济发展战略规划，进行基础设施建设，中亚地区、西亚地区等国家能源丰富，能源运输走廊成为该区域经济走廊的主要形式。面对世界经济的新格局，不少国家建立国家战略经济走廊，如中国的"一带一路"倡议、拉丁美洲圣保罗—布宜诺斯艾利斯走廊。而非洲经济较为落后，经济走廊更多是区域政府和组织的战略及未来蓝图。交通走廊、能源运输走廊、产业走廊是经济活动在实体经济的重要表现形式，而贸易、移民、技术则是非实体经济下经济走廊的主要表现方式。本文以这几类走廊的研究为例，介绍经济走廊的特性和主要研究内容。

（1）交通走廊

交通走廊是实体经济走廊最重要的表现形式，国家和区域政府可以直接投资建设，是经济走廊的物质基础。交通走廊带动了要素的流动，促进了区域的联系，从而形成要素的集聚，最终形成经济走廊。区域间经济贸易往来和人文交流的需要是交通走廊形成的客观要求。国家层面的战略引导和规划先导推动了交通走廊的形成和完善。完善的合作机制为区域交通走廊建设提供制度保障。政治互信关系、走廊区域内政局的稳定和安全、交通轨道的技术标准和技术保障也是影响交通走廊的重要因素。

中国—新加坡经济走廊是中国与东南亚各国计划通过交通网络的联通，实现共同发展的跨国陆路经济带。其中，自中国南宁和昆明至新加坡的交通走廊建设是现阶段该走廊建设的重点，"丝路基金"为其提供投资融资支持；《亚洲公路网政府间协定》《泛亚铁路网政府间协议》《中国—东盟交通合作战略规划》等文件为其规划指导；中国—东盟交通部长会议机制、中国—东盟互联互通合作委员会为其提供机制保障。主要布局包括南新线和昆新线。该走廊可以满足沿线各国经济发展、产业合作、贸易运输的要求，并为东亚、东南亚经济创造新的增长极。但现有的基础设施水平较差，公路等级和路况条件一般，不足以满足区域公路交通的需求；铁路则面对铁轨无法对接的技术问题。未来可以利用当前线路，提高道路质量和水平，适度超前、分段进行交通走廊建设。

（2）能源运输走廊

能源运输走廊是国家间建立的能源和经济发展战略，从而建立紧密的经济关系，乃至政治、安全上的互利互信关系。西欧各国能源资源较少，需求量较大，能源的获取方式一直是西欧各国学术界和政府重要关注的内容。欧洲天然气走廊建设包括：来自挪威的"北部走廊"，来自俄罗斯的"东部走廊"，来自非洲的"地中海走廊"，以及里海的"南方天然气走廊"。学者对从里海能源系统引进能源建设区域能源走廊的必要性和可行性分析，认为南方天然气走廊可以降低欧盟和土耳其的能源进口价格，减少对俄罗斯的依赖，并为里海国家带来了经济效益。随着中国综合国力的提高，战略资源进口来源过于集中、运输方式单一的问题也会制约中国进一步发展。巴基斯坦—中国能源和经济走廊（PCEEC）提供了一条绕过马六甲海峡的石油管道。Shaikh评估表明，该走廊将为该地区提供许多区域能源和经济连通的机会，带来经济、商业、社会和地缘政治利益。

（3）产业走廊

产业走廊是指在吸引外资、发展产业中某些领域快速发展，从而形成的如旅游业、工业的空间带状集聚区。工业由于其沿运输线分布以及产业链等因素，呈现线状空间形态。而旅游业由于旅游线路的自然文化在地理空间上具有连贯性，在规划中常为线性走廊形态。产业集群、政府规划及民族国家的关系能力促进了中小企业的集聚，协调工业走廊的产业结构和水平与社会发展和生态环境可持续发展的关系成为建设工业走廊的重要内容。以土耳其为例，色雷斯地区提出建立旅游发展走廊，从而更好地整合旅游资源，利用战略位置提供的优势，为旅游业和农村发展领域的决策者和从业者提供机会。

（4）城市走廊

城市走廊是以交通干线或综合运输通道作为发展主轴，以大中城市为依托，以发达的第二、三产业为主体的，产业、人口、资源、信息、城镇等集聚的带状城市区域。以莱茵河经济走廊区域为例，莱茵河流域布局了结构合理、规模性的流域产业带，集聚了近1亿人口，包括许多世界著名城市，是产业、交通快速联系下形成的城市走廊。走廊建立以港口城市为"点"，以内河网、公路等线型基础设施为"轴"的立体交通运输网络，并将工业区连接起来。各城市定位独特,优势互补,例如鹿特丹定位为港口城市,科隆为"欧洲的传媒之都",法兰克福区域为金融中心和空中航运中心。政府加强法治建设和政策指导,及时调整经济结构,发展生态经济。在中国,通过城镇体系建设、产业发展和整合,建设城市走廊,从而促进区域经济协调发展,如沪苏经济走廊、成渝走廊、广武走廊。

(5)贸易走廊

两个地区进行大规模贸易活动交流时,可以认为两地形成贸易走廊。交通走廊是贸易走廊的物质载体,贸易走廊更突出区域商品贸易交流密切的内在联系。文化接近、资源需求、交通、产业结构都影响了贸易走廊形成。产业内部贸易是贸易走廊形成的重要因素,这要求两地区产业联系密切、进出口产品类似。移民带来的文化接近也是贸易选择的重要因素。贸易走廊的形成和完善给区域经济注入活力。

(6)技术走廊

模仿、技术及人才的流动导致技术空间扩散,其扩散的路径形成技术走廊,如在美国西南部格兰德河的科技走廊、马来西亚的"多媒体超级走廊"、中国的"粤港科技创新走廊"、澳大利亚的"黄金海岸太平洋创新走廊"。走廊内科技服务合作能力互补是技术走廊形成的基础和背景,政府的空间划界是技术走廊形成的政策驱动,技术联盟、集团公司、附属机构等的技术转让是技术走廊形成的内在机理。政府正是通过对科研创新机构和企业的再布局,促进其技术转让过程,从而实现技术要素的流动,形成技术走廊。技术走廊有利于带动区域科技创新实力,带动区域产业升级和经济发展。粤港科技创新走廊由广东省与香港中联办提出,通过整合港方与深圳、广州、东莞、佛山相关联科技创新资源,形成一个不同区域互相融合的跨区域创新体系和产业聚集带。香港科技服务能力较强,尤其在检测和认证、医疗服务、创新科技、文化及创意、环保和教育服务等6大领域具有突出优势。该走廊包含了大量全球知名高校和科研机构,作为创新技术和人才的保障,如香港大学、香港科技大学、中山大学、深圳大学等,并建立一系列大学城和高新区,吸引人才和技术集聚。该走廊拥有大量知名企业和开发研究基地,如腾讯、网易、华为、中兴、大疆、OPPO、VIVO、易事特、UC、酷狗等全球知名企业,为知识技术转化提供了充分条件。

（7）移民走廊

人口的流动或移动，会将一个地方的人力、经济模式、技术、资金等资本要素，以及文化、习俗、关系等软因素带到另一地方，使两地形成非实体空间上的纽带和联系，因此形成移民走廊，例如华侨村、闯关东等现象。移民走廊包含两个重要特性：一是由于社会网络联系，移民具有轨迹，"移民走廊"具有蚁群效应，连接起点和目的地的纽带可能作为"移民走廊"运作。二是移民走廊将给两个区域带来经济联系，例如双边贸易、外国直接投资等。在不同的走廊上通过布设不同的开发区，有利于形成串联效应，助推走廊带状格局的形成。

3. 经济走廊对区域经济社会格局的影响

经济走廊通过加强开发区间的联系，实现了灵活的区域合作战略。各类经济走廊的影响各有不同，总的来看，对经济和社会分别有以下影响。

在经济方面，经济走廊通过促进资本流动，实现市场资源的有效配置，从而促进了产业发展和产业结构升级，提高了开发区创新竞争力，改善市场准入，提高吸引新企业或人员的潜力，促进连通性、竞争力、生产力，最终促进经济增长和开发区的联系。但其效应可能达到饱和并出现负面溢出效应，增加城市人民的生活成本和企业的运营成本，也可能对地区产业结构和本地企业产生不利影响。在社会方面，经济走廊影响了城市用地、国家安全和一系列社会问题，其影响具有两面性。经济走廊通过改变开发区用地类型，改变了城市形态和空间布局，影响了城市地价。经济走廊建设一方面改变了通勤状态，对就业、贫困、生态保护等社会问题产生了有利影响，另一方面也带来了一系列社会问题，如对原住人口的生活方式、工作方式、社会结构产生了冲击，或产生噪声、污染等问题；一方面有助于开发区间建立起紧密的经济、政治、安全上的互利互信关系，促进区域安全，另一方面可能导致一些区域不稳定性因素增加，如恐怖分子、分裂主义、政治条件和意识形态方面的侵略。

第9章

结　论

产业集聚、产业集群有利于提高企业生产效率，促进企业创新从而带动城市发展，以及改善城市三生空间，推动二、三产融合。开发区的健康发展必须建立在高效的产业集聚之上。因此，本书内容对城市开发区的建设、产业布局、城市空间设计等均有着重要的借鉴意义。

9.1 以产业集聚、开发区建设推动城市产业空间建设的经验

产业集聚、开发区的建设对推动城市产业空间有着重要作用，从前文来看，可以总结出以下四点经验。

1. 加强产业集聚研究与规划工作

针对部分开发区已经形成了产业分布的情况，需要结合不同产业功能重新整合，加强对有发展潜能开发区的扶持力度，将发展不好、档次低的开发区逐渐清理出集聚地。从实际出发，由于不同开发区空间分布不同，再加上产业集群对产业链的偏好不同，所以，无论是空间上的随机分布，还是空间上的过于集中都会对开发区产生不良影响。这就需要推动产业集群以及不同产业链结合不同产业的不同区位偏好，从而形成一个带有梯度的空间分布。引导资本技术密集型产业围绕区级城区集中；劳动密集型产业向价格偏低的区域转移、集中，以形成梯度形态的产业集群空间。这样即可解决开发区产业集聚规模小，无法实现集聚经济等问题。针对并没有正式建设的开发区，需要贯彻因地制宜的理念。在相应的产业集聚地建设开发区，贯彻集约化思想，加强对相关产业的集聚，从而形成产业规模，避免产业规模过小的问题。

2. 加强特色产业发展

针对开发区现存的产业趋同问题，其根本发展战略就是推动特色产业

发展，并对开发区产业集聚相关企业展开合理分工。在政府层面上，需要加强对产业发展的调整，以更加合理的方式开展规划工作，明确开发区的主导产业与长短期发展方向，对各个方案进行比较，确保开发区产业集聚能够合理分工，从而降低趋同问题。从开发区层面分析，需要不断挖掘资源优势，大力推动特色产业发展，保证不同区域的分工合理，从而减少机构强趋同的经历。结合开发区实际发展情况对产业群进行合理的定位，不可盲目追求形态上的集聚而忽视功能上的集聚。

3. 加强开发区产业之间的关联度

首先，加强大型企业与中小企业的联合。采用更加合理的分工方法构建有序的经济体系，特别是要注重中小企业的发展。虽然很多企业产品没有明显优势，但可以通过产业集聚实现优势互补，从而获取更多的外部规模经济效益。其次，结合配套能力弱等问题，需要针对性的进行改善，如果某个地块尚未成为开发区，可以围绕主导产业继续开发，不仅要引进大型企业，同时要有中小企业用于配套。对于现有的开发区，在招商引资工作中需要具有针对性，特别是一些产业体系缺乏的企业，需要适当放宽政策、降低准入门槛，从而完成产业体系建设。找到产业集聚的切入点，将专业化产业进行细化分工，以大中型企业作为核心，将生产环节进行分解，这样即可形成具备协作管理的关联企业，解决环节就产业配套难的问题，强化产业之间的联系，实现了产业链延伸。

4. 推动本土企业建设

想要减少产业集聚对外资过度依赖的方法有两种：一是将外资进行本土化经济转换，二是在外生经济的前提下，进一步加强、发展内生经济。在社会转型时期，我国各个地区都非常注重本土化经济，这是因为将外资转换成本土化经济十分困难。母公司缺乏意愿，往往会导致这些外资企业随时迁移的问题，这就需要避免开发区产业发展过度依赖外资，保证经济技术开发区的独立性，在外部经济基础上大力发展内部经济，推动本土企业的长足发展，将满足相关条件的本土企业引入到开发区当中，并给予一定的政策优惠，包括土地价格以及政策补贴等。可见产业集聚的构建需要很强的稳定性，要给予发展较为落后的企业更多的优惠。并且这些内部企业的发展也在很大程度上带动了外资企业发展。

9.2 产业集聚导向下的城市空间重构与优化新趋势

1. 三产发展和城镇化相互促进的趋势

城镇化进程的加快对第三产业的持续发展及其综合实力的提升表现出一定程度的促进作用，同时，第三产业也逐渐取代工业化给予城镇化继续向更高水平发展的持续动力，进而成为推动城镇化发展的主要动因。现阶段，我国的城镇化的总体水平越来越高，而且第三产业的总体规模不断扩大，对我国经济增长的贡献率也与日俱增。从实证数据来看，我国城镇化率的增长趋势和第三产业就业比重的增长趋势基本上是同步的。我国城镇化和第三产业两者之间存在着长期稳定的相互促进作用，二者互为发展的重要基础和持续动力。从理论上可以这样理解，城镇的集聚作用可以为第三产业的发展提供许多有利的资源，如丰富的劳动力资源、先进的技术和设备、具有较强购买力的消费群体以及相对完善的基础设施条件。而第三产业的发展扩大了城镇的就业容量，促进了城镇基础设施的完善，从而吸引人口和生产要素等有利资源向城镇集中，进一步推动城镇化的进程。

目前，工业化进程中主要面临着产业结构亟待升级、服务业增长乏力、民间资本充足但缺少投资渠道、人才科技资源匮乏以及内需不足等问题，而城镇化可以从经济和空间两个层面提供有效的解决途径。经济层面包括：以集群化方式拓展新兴产业；发展第三产业，创造内需动力；拓宽资本使用渠道；嵌入国际产业链，积极参与国际市场竞争；吸引人才，培育创新基地。空间层面包括：构建生产空间，为产业升级提供平台；发展生活空间，为内需提供场所；加强对外经济空间联系，促进区域合作。在此基础上，工业化和城镇化道路的关系可以辩证地解释为点—环发展模式：工业化是城镇化的基本出发点，其自身发展特点是追逐产业链条的不断延伸，在发展的过程中难免遇到种种问题和挑战；城镇化是一个环，有利于发挥各个要素的协同作用，提供多元和多样化的发展环境，并为工业化发展提供空间。

2. 二三产业互补性增强的趋势

我国城市经济已步入现代化建设时期，这突出表现在高端服务业的兴起和制造业的产业结构升级。服务业快速发展是城市进入成熟阶段的规律和特点，也是人民生活水平提高的需要。在我国还有一个突出的特点是高端服务业发展，如金融、高端商务业和信息服务业，与全球化的进程紧密联系在一起。通过产业集群，二三产业的联系日益紧密，服务业、制造业的发展更互补、更有效。

另一方面，二三产业的集聚也在增强，随着中国经济迅速发展，交易成本和运输费用不断下降促进了制造业在空间地域上的集聚，而近几年，随着服务业特别是生产性服务业的快速发展，生产性服务业的集聚程度也在不断提高，从而在空间上与制造业形成了互动发展的格局。

9.3 以产业集聚推动城市"三生空间"的健康发展

1. 生产方面

将城市内部零散的生产空间迁入城市开发区，各类企业布局充分考虑产业链条关系，将具有产业链条关系的企业集中布置，能够增强生产空间的紧凑程度，从而营造集约高效的生产空间。

改善生产空间的具体做法有：对现状开发区进行产业转型升级，逐步淘汰低能高耗的低端产业，积极引进高端装备制造、医药科研企业，提升城市生产空间品质；制定一系列优惠政策，积极引进规模以上企业、外来知名企业，提高生产空间发展潜力，为城市发展提供有力支撑；增加产业投资强度，建立循环经济，实现生产空间的可持续发展。

2. 生活方面

产业集聚将城市的功能区进行合理划分，使得城市居民的生活区远离产业聚集地，也就远离了一些工业生产可能带来的负面影响，比如噪声、废气等，提高了城市居民的生活质量。同时，改善工业用地与居住用地混杂的现状，优化居住空间环境。

改善生活空间的具体做法有：将开发区区位安置在远离居民集聚区的城市地带，确保将工业用地和居住用地区分开，尽量减少对开发区周边居民的影响。同时，宜居对人才的作用越发显现，在产城互动中发挥重要作用。

3. 生态方面

鼓励低耗能企业进入经济技术开发区，提高企业准入门槛，限制高耗能、环境污染型企业形成产业集聚，生态友好的产业集聚能够有效地改善城市生态环境，在兼顾城市经济发展的同时实现城市的绿色发展。

改善生态空间的具体做法有：引进低耗能的绿色企业，鼓励发展污染排放少的产业，同时严格管控企业排污标准，限制高耗能企业进入，营造城市优质生态环境，实现城市生态文明建设。

9.4 产业集聚与城市活力的多维互动

产业集聚和城市的互动是相互的，产业集聚往往能带动城市活力，但产业集聚要想发挥出更大的作用，不能局限在一个城市或是城市的一个区域，需要将其与周边地区产业联合起来，将一个城市和周边城市乃至更广的环境联系起来。以广东顺德为例，顺德内部的工业企业之间已经建立了很好的分工协作和投入产出联系,然而城市不是孤立的,必须将城市放到一个更大的环境才能实现城市可持续发展。未来的城市发展规划还须充分注意与广州、佛山等周边城市的相互联系,如利用广州西沙港口及其拟建物流基地的优势,发展机械设备和汽车制造业,以及通过广珠高铁的便利,加强与广州和澳门的商贸联系等。除此之外,在产业的升级改造中,也需要在周边城市中积极寻找合适的产业转移阵地,如利用佛山高明区土地资源充足的特点转移部分工业企业。这样,顺德的城镇化建设才能真正成为珠三角经济的有机组成部分,充分利用珠三角发展所带的机遇和机会,使顺德制造进一步进军国际市场。

  产业集聚不是光靠工业化就能实现的,它还需要多方面政策的布局,比如人才的引进、科技的创新等。单纯的工业化道路只能是通过产业链条的深化,不断使企业集聚的产出更高、空间更大,但是在产业升级的过程中,往往面临人才匮乏、科技创新不足等诸多问题;空间上,企业的不断集聚也面临着员工生活空间不足、与城市无法形成有机互动等问题。另外,工业化的道路本身强调"产出",对"需求"所形成的经济效益关注不够;而这些问题恰恰是需要通过城镇化发展来解决的。城镇化的发展本身是一个环,是各个要素、各种经济活动与社会动态相互交织、相互影响的过程。正向的影响将会促进各个体系之间的互补与互利,为工业发展提供多元化的资本渠道和多样化的产业结构,并通过竞争与合作激发知识与创新交流,由此促进新产业的衍生与发展。

参考文献

[1] 鲍克. 中国开发区研究：入世后开发区微观体制设计 [M]. 北京：人民出版社，2002.

[2] 陈秋玲. 走向共生——基于共生关系的开发区发展路径依赖 [M]. 北京：经济管理出版社, 2007.

[3] 谷源祥. 世界经济自由区大观 [M]. 北京：世界知识出版社, 1993.

[4] 姜杰. 体制变迁与制度设计：国家级经济技术开发区行政管理体制研究 [M]. 北京：经济科学出版社, 2008.

[5] 厉无畏, 王振. 中国开发区的理论与实践 [M]. 上海：上海财经大学出版社, 2004.

[6] 连玉明. 中国城市年度报告 [M]. 北京：中国时代经济出版社, 2005.

[7] 皮黔生, 王恺. 走出孤岛：中国经济技术开发区概论 [M]. 北京：生活•读书•新知三联书店, 2004.

[8] 杨先明. 发展阶段与国际直接投资 [M]. 北京：商务印书馆, 2000.

[9] Akgüngör S. Geographic concentrations in Turkey's manufacturing industry: Identifying regional highpoint clusters[J]. European Planning Studies, 2006, 14: 169-197.

[10] Alatriste-Contreras M G. The relationship between the key sectors in the european union economy and the intra-European Union trade[J]. Journal of Economic Structures, 2015, 4: 1-24.

[11] Anselin L, Florax R J G M. New directions in spatial econometrics: Introduction[J].New Directions in Spatial Econometrics, 1995, 1:3-18.

[12] Attaran, Mohsen, Zwick, et al. Entropy and other measures of industrial diversification[J]. Quarterly Journal of Business & Economics, 1987, 17-34.

[13] Audretsch D B, Feldman M P. R&D Spillovers and the Geography of Innovation and Production[J]. American Economic Review, 1996, 86: 630-640.

[14] Bathelt H, Boggs J S. Toward a reconceptualization of regional development paths: Is Leipzig's media cluster a continuation of or a rupture with the past[J]. Economic Geography, 2010, 79: 265-293.

[15] Baumont C, Ertur C, Gallo J L. Spatial analysis of employment and population density: The case of the agglomeration of Dijon 1999[J]. Geographical Analysis,2004, 36: 146-176.

[16] Behrens K, Duranton G,Robertnicoud F. Productive cities: Sorting, selection, and

agglomeration[J]. Cepr Discussion Papers,2014, 122: 507-553.

[17] Blöchl F, F J T, F V,et al. Vertex centralities in input-output networks reveal the structure of modern economies[J]. Physical Review E Statistical Nonlinear & Soft Matter Physics,2011, 83: 046127.

[18] Britton S. Tourism, capital, and place:Towards a critical geography of tourism[J]. Environment & Planning D Society & Space,1999, 9: 451-478.

[19] Combes P P, Duranton G, Gobillon L , et al. The productivity advantages of large cities: Distinguishing agglomeration from firm selection[J]. Econometrica,2012, 80: 2543-2594.

[20] Delgado M, Porter M E,Stern S. Clusters and entrepreneurship[J]. Social Science Electronic Publishing,2010,9:495-518.

[21] Delgado M, Porter M E ,Stern S. Clusters, convergence, and economic performance[J]. Research Policy,2014, 43: 1785-1799.

[22] Dietzenbacher E. More on multipliers[J]. Journal of Regional Science,2005, 45: 421-426.

[23] Fare R, Grosskopf S,Zhang N Z.Productivity growth, technical progress, and efficiency change in industrialized countries[J]. The American Economic Review,1997,51:299-240.

[24] Feser E J,Bergman E M. National industry cluster templates: A framework for applied regional cluster analysis[J]. Regional Studies,2000, 34: 1-19.

[25] Fotheringham A S, Charlton M E,Brunsdon C. Geographically weighted regression: A natural evolution of the expansion method for spatial data analysis[J]. Environment & Planning A,1998, 30: 1905-1927.

[26] Fukugawa N. Science parks in Japan and their value-added contributions to new technology-based firms[J]. International Journal of Industrial Organization,2006, 24: 381-400.

[27] Helsley R W,Strange W C. Agglomeration economies and urban capital markets[J]. Journal of Urban Economics,1991, 29: 96-112.

[28] Hirschman A O,Sirkin G. Investment criteria and capital intensity once again[J]. Quarterly Journal of Economics,1958, 72: 469-471.

[29] Huallacháin B Ó The identification of industrial complexes[J]. Annals of the Association of American Geographers,2015, 74: 420-436.

[30] Klepper S,Simons K L. Technological extinctions of industrial firms: An inquiry into their nature and causes[J]. Industrial & Corporate Change,1997, 6: 379-460.

[31] Klink A V,Langen P D. Cycles in industrial clusters: The case of the shipbuilding industry in the Northern Netherlands[J]. TijdschriftVoorEconomische En Sociale Geografie,2010, 92: 449-463.

[32] Lundvall B-Å, Johnson B, Andersen E S,et al. National systems of production, innovation and competence building[J]. Research Policy,2007, 31: 213-231.

[33] Markusen A. Sticky places in slippery space: A typology of industrial districts[J]. Economic Geography,1996, 72: 21.

[34] Martin R,Sunley P. Deconstructing clusters: Chaotic concept or policy panacea[J]. Journal of Economic Geography,2003, 3: 5-35.

[35] Martinez W L, Martinez AR,Solka J L. Exploratory Data Analysis with MATLAB2010, Second Edition. Crc Press,2010.

[36] Maskell P,Malmberg A. Myopia, knowledge development and cluster evolution[J]. Journal of Economic Geography,2007, 7: 603-618.

[37] Muñiz A S G, Raya A M,Carvajal C R. Spanish and European innovation diffusion: Astructural hole approach in the input–output field[J]. Annals of Regional Science,2010, 44: 147.

[38] Neffke F M H, Henning M,Boschma R. The impact of aging and technological relatedness on agglomeration externalities: A survival analysis[J]. Serc Discussion Papers,2009, 12: 485-517.

[39] Pak C. The special economic zones of China and their impact on its economic development[J].The China Quarterly,1997,158:496-497.

[40] Petrou A,Daskalopoulou I. Social capital and small business competitiveness: Evidence from cross-section tourism data[J]. Journal of the Knowledge Economy,2015, 6: 946-967.

[41] Potter A,Watts H D. Evolutionary agglomeration theory:Increasing returns, diminishing returns, and the industry life cycle[J]. Journal of Economic Geography,2011, 11: 417-455.

[42] Puga D. The changing distribution of firms and workers across cities[J]. Development Working Papers,2017,3:554-620.

[43] Ratinho T,Henriques E. The role of science parks and business incubators in

converging countries: Evidence from Portugal[J]. Technovation,2010, 30: 278-290.

[44] Roepke H, Adams D,Wiseman R. A new approach to the identification of industrial complexes using input-out put data[J]. Journal of Regional Science,2010, 14: 15-29.

[45] Sonis M, Guilhoto J J M, Hewings G J D,et al.Linkages, key sectors, and structural change: Some new perspectives[J]. Developing Economies,2010, 33: 243-246.

[46] Svaleryd H,Vlachos J. Financial markets, the pattern of industrial specialization and comparative advantage: Evidence from OECD countries[J]. European Economic Review,2005, 49: 113-144.

[47] Swann P. Do firms in clusters innovate more?[J]. Research Policy,1998, 27: 525-540.

[48] Tan J. Growth of industry clusters and innovation: Lessons from Beijing Zhongguancun Science Park[J]. Journal of Business Venturing,2006, 21: 827-850.

[49] Tao S, Yang Z,Chahine T. Efficiency evaluation of material and energy flows, a case study of Chinese cities[J]. Journal of Cleaner Production,2016, 112: 3667-3675.

[50] Taubmann W. Urban problems and urban development in China[J]. Hamburg Germany Institut Fur Asienkunde,1993,1:128-142.

[51] Tulkens H,Eeckaut P V. Non-parametric efficiency, progress and regress measures for panel data: Methodological aspects[J]. European Journal of Operational Research,2006, 80: 474-499.

[52] Ven A H V D, Poole M S. Explaining development and change in organizations[J]. Academy of Management Review,1995, 20: 510-540.

[53] Williams S,Currid-Halkett E. Industry in motion: Using smart phones to explore the spatial network of the garment industry in New York City[J]. Plos One,2014, 9: e86165.

[54] Yang Z, Cai J, Wen T,et al. Urbanization as a driving force of the progress of industrialization: Reflection and analysis on the path of urban industrialization based on Shunde[J]. Progress in Geography,2013, 32: 1814-1824.

[55] Yang Z,Dunford M. Cluster evolution and urban industrial dynamics in the

transition from a planned to a socialist market economy:The case of Beijing[J]. Spatial Economic Analysis, 2018, 12: 1-22.

[56] Yang Z, Sliuzas R,Cai J, et al. Exploring spatial evolution of economic clusters: A case study of Beijing[J]. International Journal of Applied Earth Observation & Geoinformation,2012, 19: 252-265.

[57] Zofio J L. Malmquist productivity index decompositions: A unifying framework[J]. Applied Economics,2007, 39: 2371-2387.

[58] 陈大雄, 贺正楚. 产业集群与我国高新技术产业开发区的发展 [J]. 技术经济, 2004,3: 29-30.

[59] 陈芳. 产业集聚对我国能源消耗的影响——基于省级面板数据的研究 [J]. 软科学, 2016, 30: 112-116.

[60] 陈家祥. 关于开发区协调发展的问题——以南京市为例 [J]. 城市问题, 2010,2: 2-7.

[61] 冯章献, 王士君, 张颖. 中心城市极化背景下开发区功能转型与结构优化 [J]. 城市发展研究, 2010, 17: 167-170.

[62] 顾朝林. 评《中国产业集聚与集群发展战略》[J]. 城市与区域规划研究, 2011, 4: 232-233.

[63] 国际复兴开发银行. 重塑世界经济地理（2009年世界发展报告概述）[J]. 城市与区域规划研究, 2009, 2:135-168.

[64] 何书, 金鲁奇, 苏光全, 等. 开发区建设中的土地开发利用问题与对策 [J]. 地理科学进展, 1999, 18: 338-345.

[65] 何兴刚. 世界经济述开发区发展评 [J]. 长江论坛, 1995, 48-52.

[66] 胡尊国, 王耀中, 尹国君. 劳动力流动、协同集聚与城市结构匹配 [J]. 财经研究, 2015, 41: 26-39.

[67] 李俊莉, 王慧, 郑国. 开发区建设对中国城市发展影响作用的聚类分析评价 [J]. 人文地理, 2006, 21: 39-43.

[68] 李淑杰, 宋丹, 刘兆顺, 等. 开发区土地集约利用的区域效应分析——以吉林省中部开发区为例 [J]. 中国人口•资源与环境, 2012, 22:117-122.

[69] 李晓萍, 李平, 吕大国, 等. 经济集聚、选择效应与企业生产率 [J]. 管理世界, 2015, 25-37.

[70] 连远强. 集群与联盟、网络与竞合：国家级扬州经济技术开发区产业创新升级研究 [J]. 经济地理, 2013, 33: 106-111.

[71] 林柯, 吕想科. 路径依赖、锁定效应与产业集群发展的风险——以美国底特律汽车产业集群为例 [J]. 区域经济评论, 2015, 108-113.

[72] 龙花楼, 蔡运龙, 万军. 开发区土地利用的可持续性评价——以江苏昆山经济技术开发区为例 [J]. 地理学报, 2000, 55: 719-728.

[73] 毛艳华. 波特簇群理论的主要观点及其启示 [J]. 广州大学学报：社会科学版, 2004, 3: 44-47.

[74] 盛世豪, 张伟明. 特色小镇：一种产业空间组织形式 [J]. 浙江社会科学, 2016, 36-38.

[75] 孙一飞, 马润潮. 边缘城市：美国城市发展的新趋势 [J]. 国际城市规划, 1997, 24:28-35.

[76] 王宏伟, 袁中金, 侯爱敏. 城市化的开发区模式研究 [J]. 地域研究与开发, 2004, 23: 9-12.

[77] 王慧. 开发区与城市相互关系的内在肌理及空间效应 [J]. 城市规划, 2003, 27: 20-25.

[78] 王缉慈. 高新技术产业开发区对区域发展影响的分析构架 [J]. 中国工业经济, 1998, 54-57.

[79] 王缉慈, 王可. 区域创新环境和企业根植性——兼论我国高新技术企业开发区的发展 [J]. 地理研究, 1999, 18: 357-362.

[80] 王兴平, 崔功豪. 中国城市开发区的空间规模与效益研究 [J]. 城市规划, 2003, 27: 6-12.

[81] 王战和, 许玲. 高新技术产业开发区与城市经济空间结构演变 [J]. 人文地理, 2005, 21:98-100.

[82] 吴传清, 李浩. 关于中国城市群发展问题的探讨 [J]. 产经评论, 2003, 29-31.

[83] 夏元文, 贺旭中. 论开发区与区域开发 [J]. 浦东开发, 1997, 51-54.

[84] 谢守红, 周向红. 长江三角洲开发区产业结构分析 [J]. 中国科技论坛, 2003, 13-16.

[85] 熊军, 胡涛. 经济技术开发区发展模式分析 [J]. 科技进步与对策, 2001, 18:22-23.

[86] 闫逢柱, 苏李, 乔娟. 产业集聚发展与环境污染关系的考察——来自中国制造业的证据 [J]. 科学学研究, 2011, 29: 79-83.

[87] 杨仁发, 李娜娜. 产业集聚能否促进城镇化 [J]. 财经科学, 2016,6：124-132.

[88] 姚士谋, 朱英明, 陈振光. 信息环境下城市群区的发展 [J]. 城市规划,

2001,25：16-18.

[89] 于杰. 济南高新技术开发区产业集群及其核心竞争力分析 [J]. 人文地理，2009,6：63-67.

[90] 张晓平, 陆大道. 开发区土地开发的区域效应及协同机制分析 [J]. 资源科学，2002, 24:32-38.

[91] 张艳. 开发区空间拓展与城市空间重构——苏锡常的实证分析与讨论 [J]. 城市规划学刊，2007,1：53-58.

[92] 张艳. 国家经济技术开发区与高新区的政策渊源探究及反思 [J]. 城市规划学刊，2011,3：51-57.

[93] 张艳, 赵民. 论开发区的政策效用与调整——国家经济技术与高新产业开发区未来发展探讨 [J]. 城市规划，2007, 31:18-24.

[94] 张志胜. 国内开发区管理体制：困顿及创新 [J]. 经济问题探索，2009,4：123-126.

[95] 赵勇, 齐讴歌. 我国城市群形成中的区域非一体化现象及其解决途径 [J]. 未来与发展，2012,12：16-18.

[96] 郑国. 经济技术开发区区域带动效应研究 [J]. 地域研究与开发，2007, 26: 20-25.

[97] 郑国. 城市发展阶段理论研究进展与展望 [J]. 城市发展研究，2010, 17: 83-87.

[98] 郑国. 中国开发区发展与城市空间重构：意义与历程 [J]. 现代城市研究，2011,5：20-24.

[99] 郑国, 孟婧. 边缘城市的北京案例研究 [J]. 城市规划，2012,4：32-36.

[100] 郑国, 周一星. 北京经济技术开发区对北京郊区化的影响研究 [J]. 城市规划学刊，2005,6：27-30.

[101] 郑静, 薛德升. 论城市开发区的发展：历史进程，理论背景及生命周期 [J]. 世界地理研究，2000,2：79-86.

[102] 朱英明, 杨连盛, 吕慧君, 等. 资源短缺、环境损害及其产业集聚效果研究——基于21世纪我国省级工业集聚的实证分析 [J]. 管理世界，2012,11：28-44.

[103] 王霞. 东南沿海城市开发区空间区位及形态构成研究 [D]. 上海：同济大学，1997.